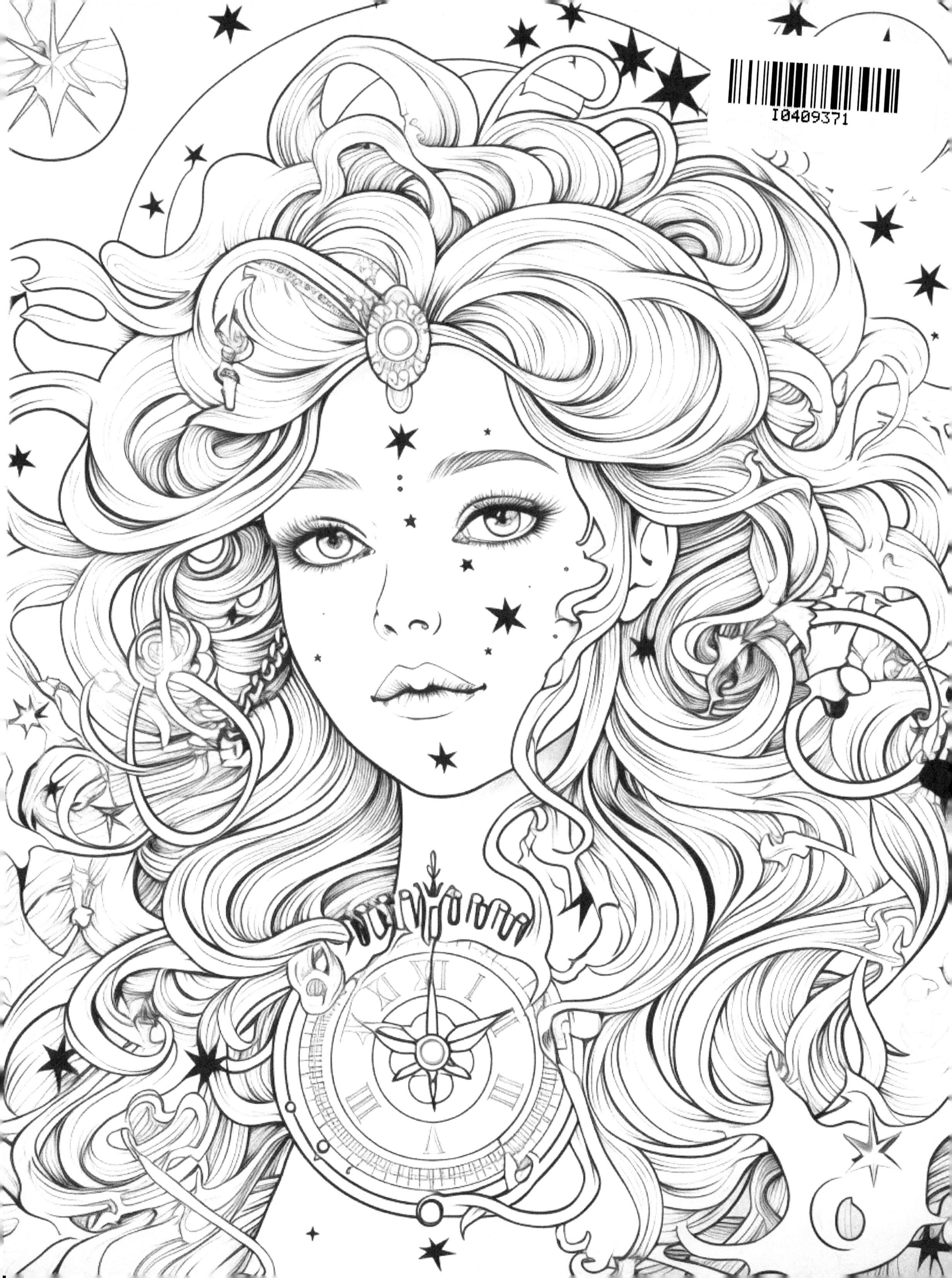

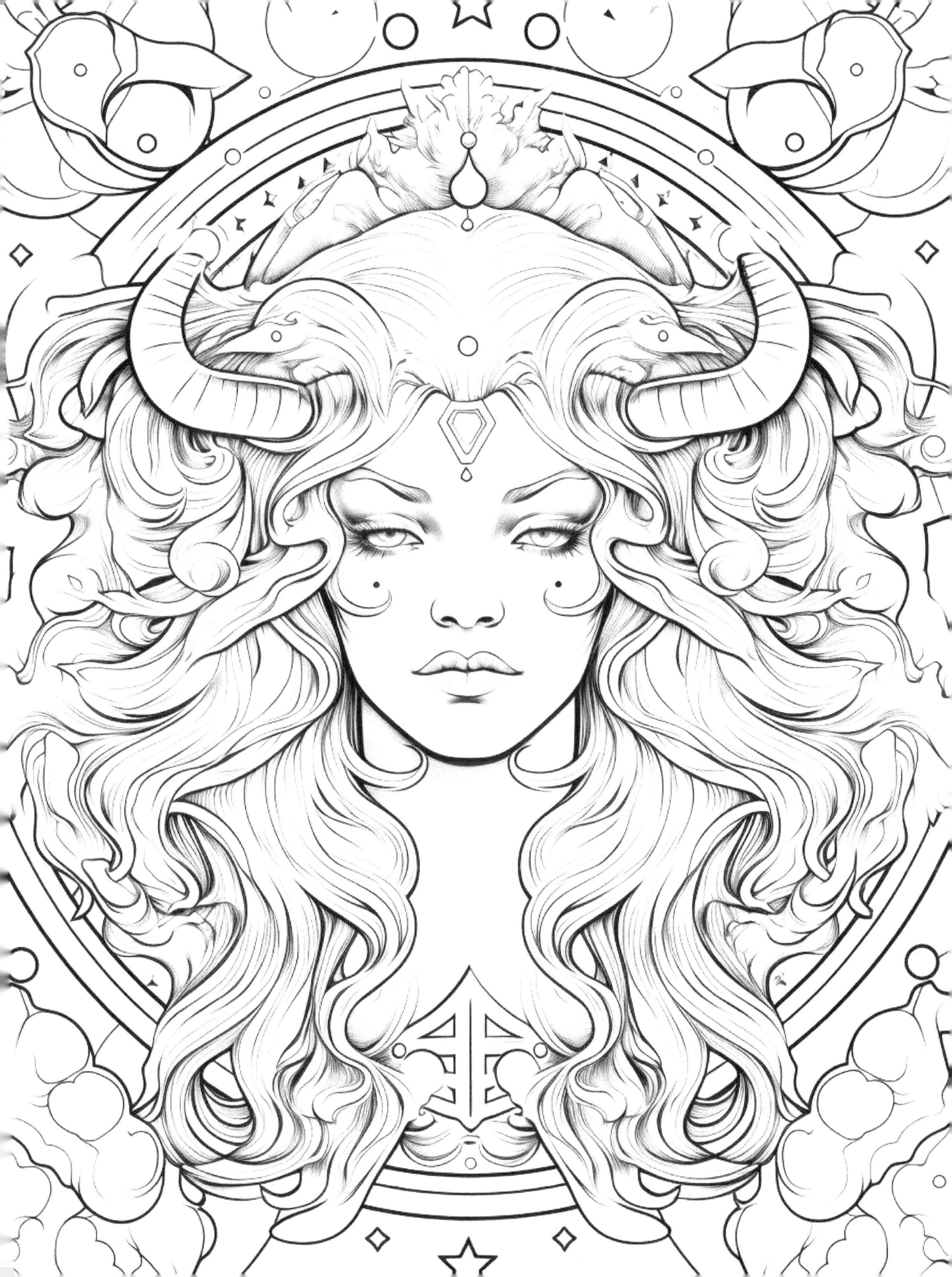

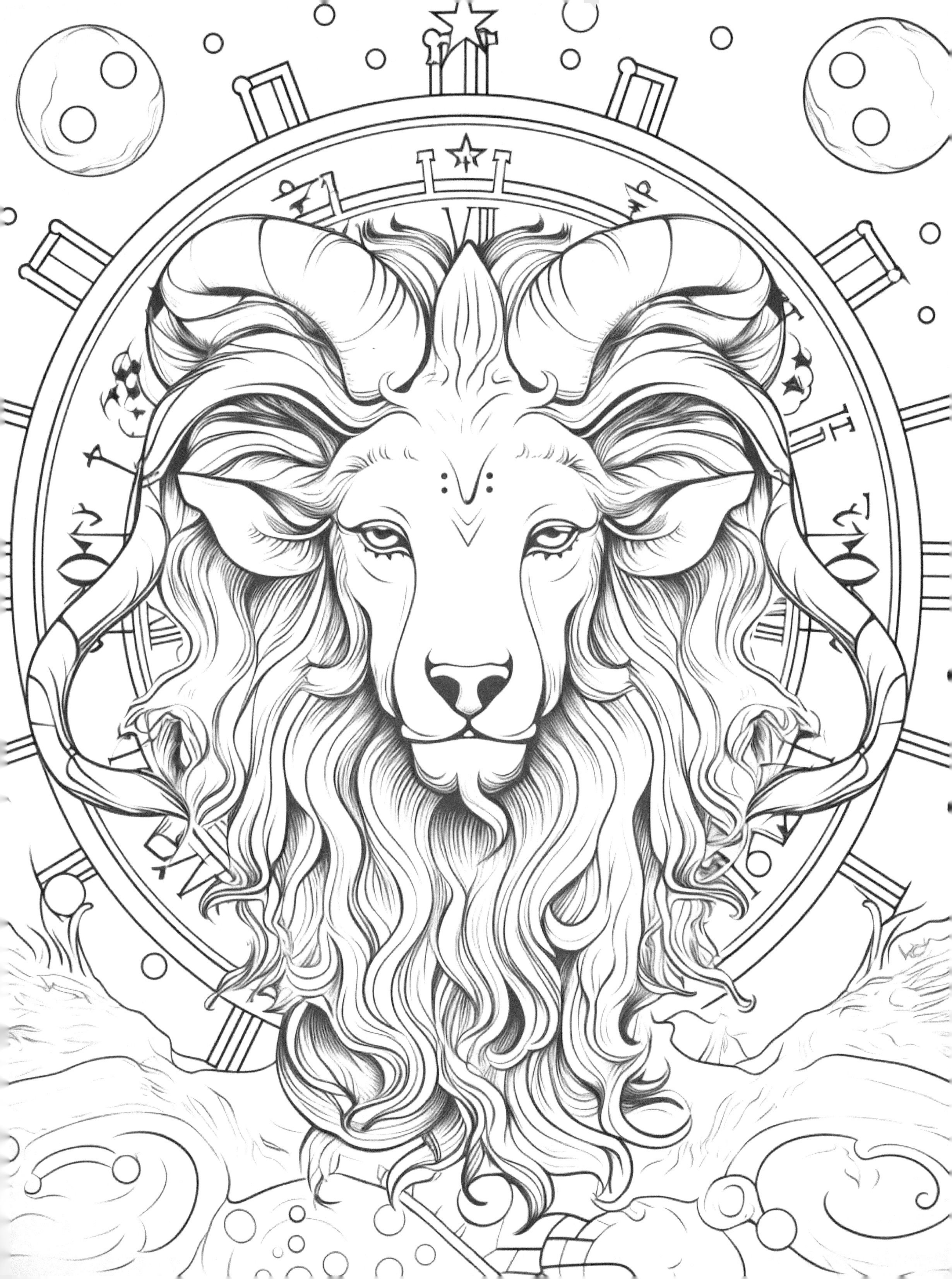

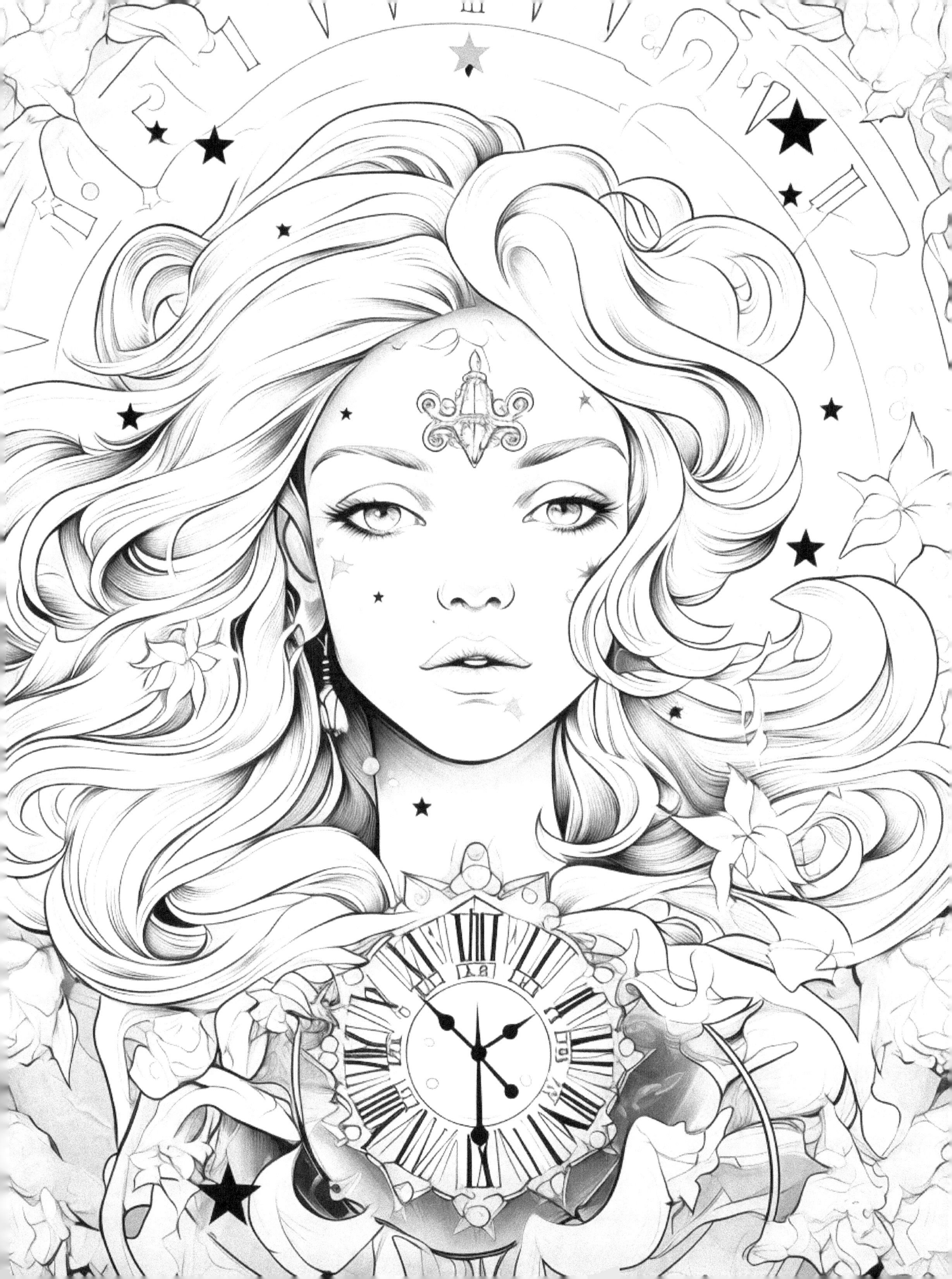

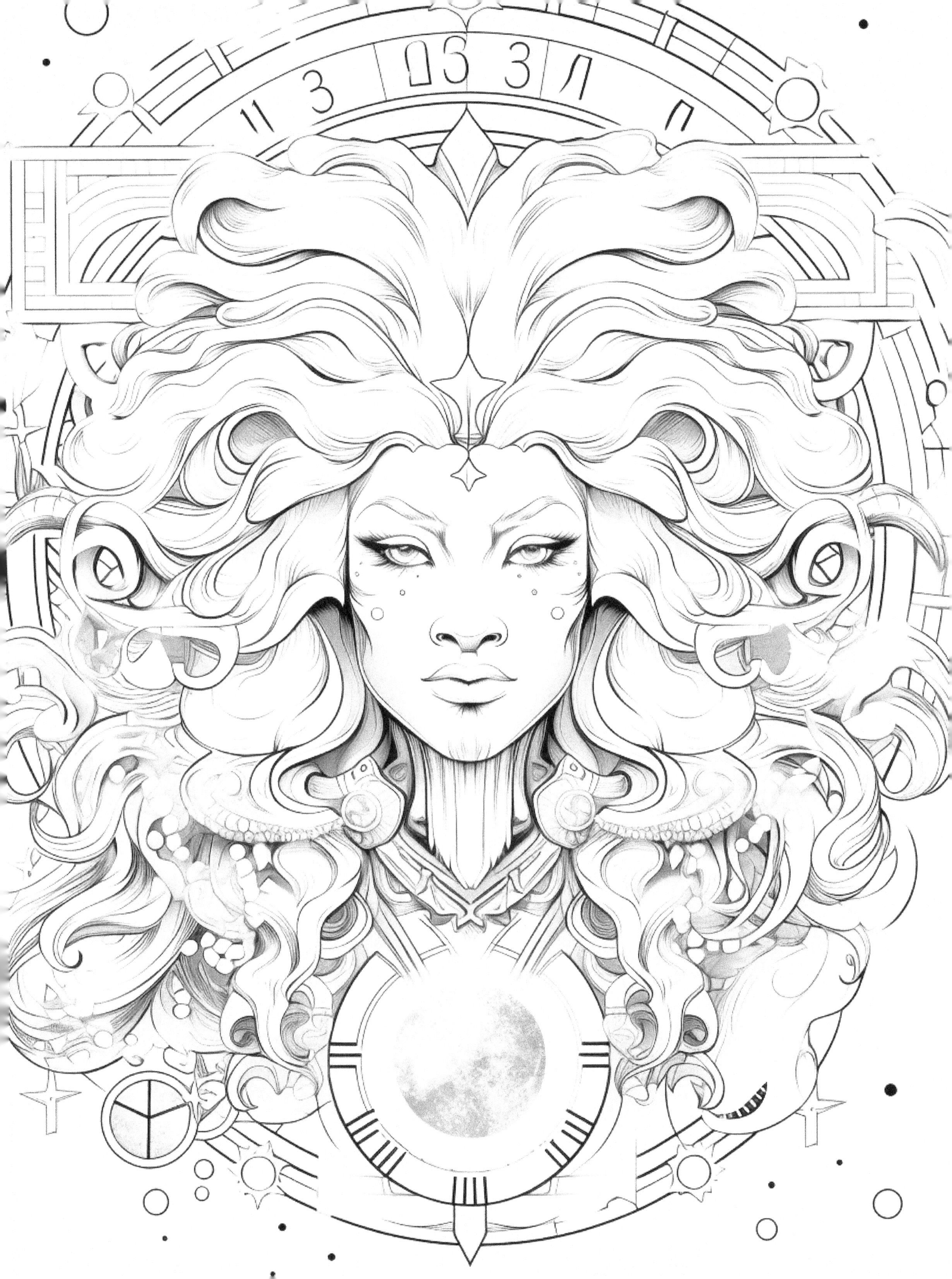

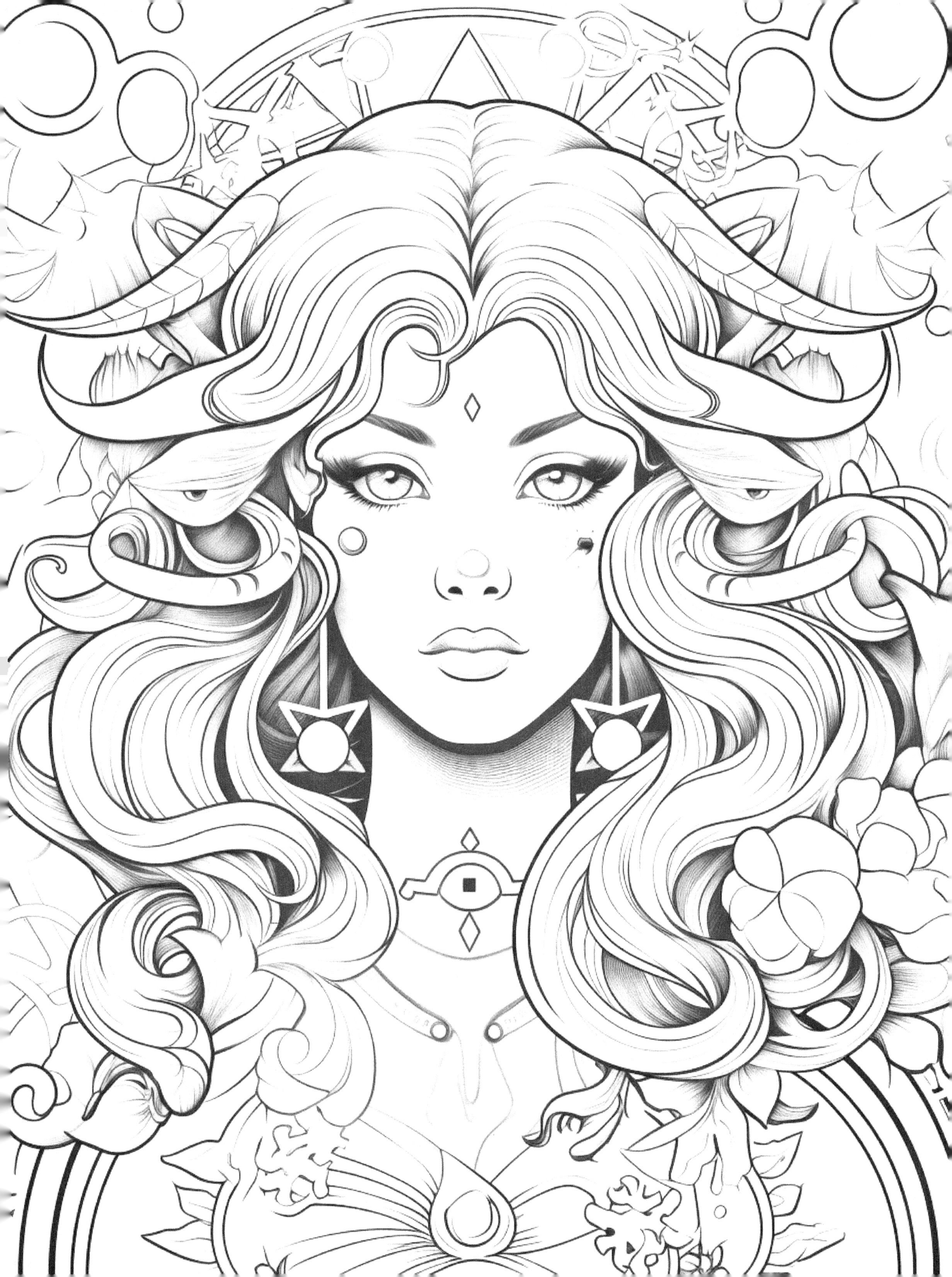

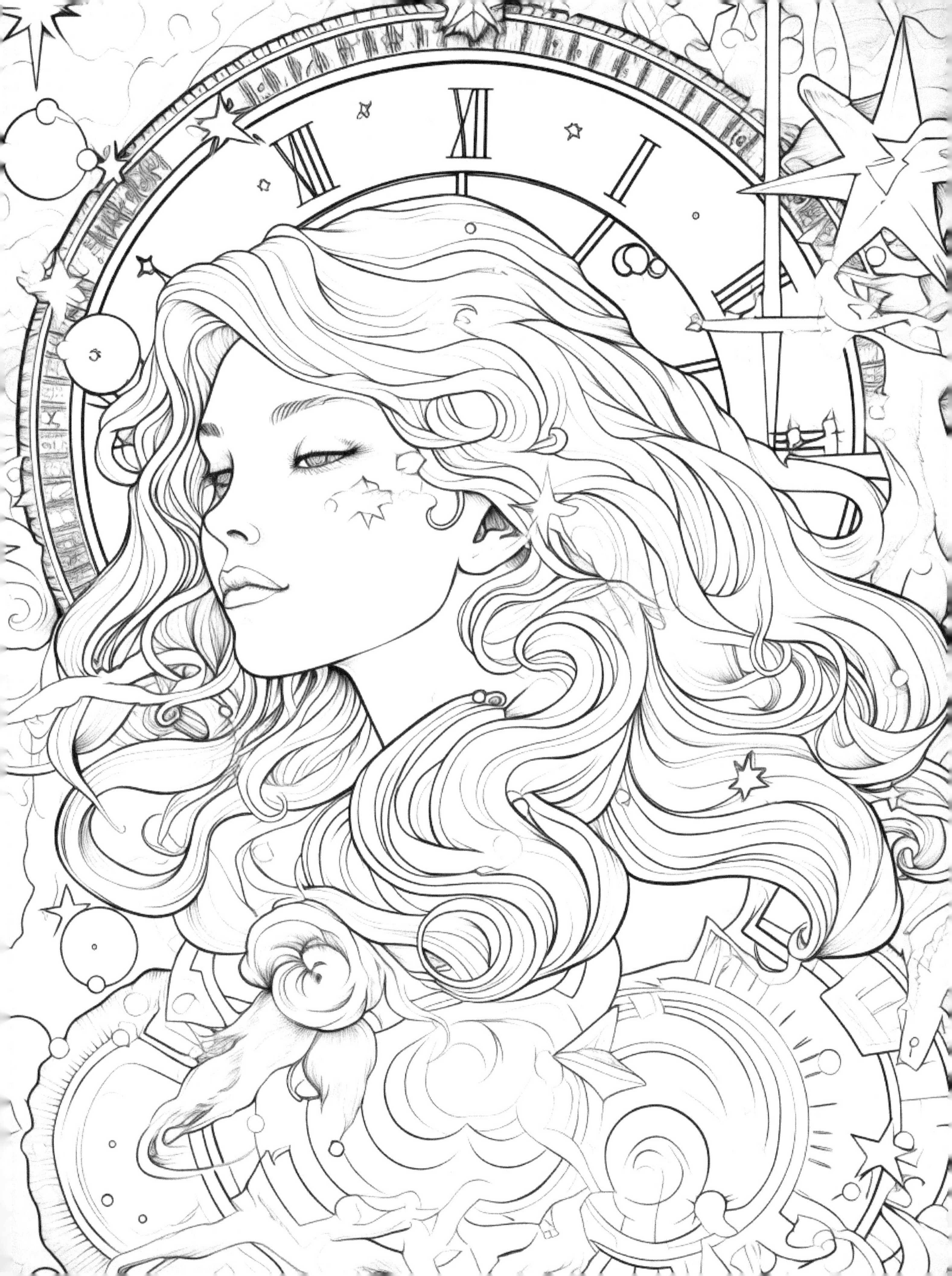

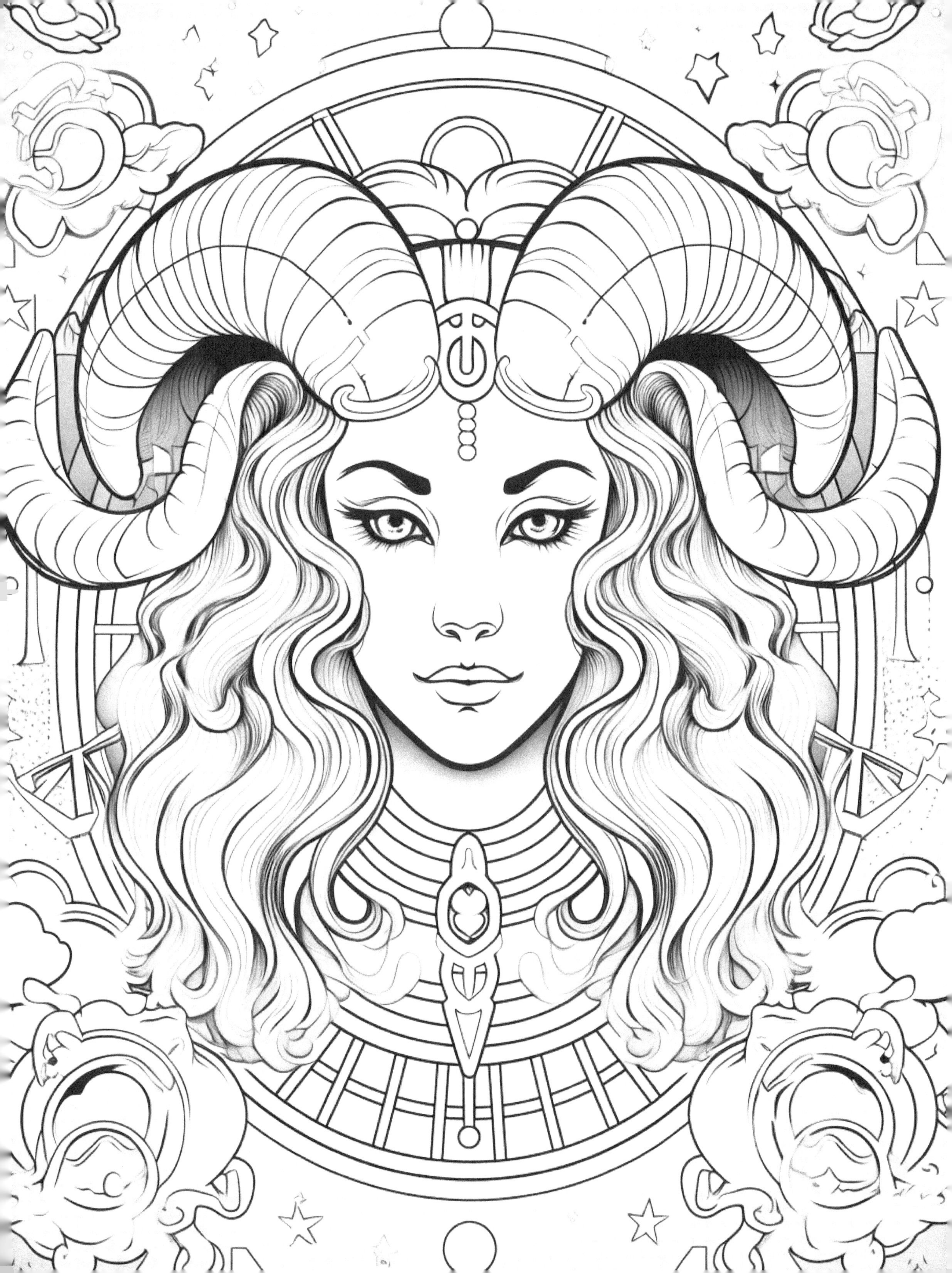

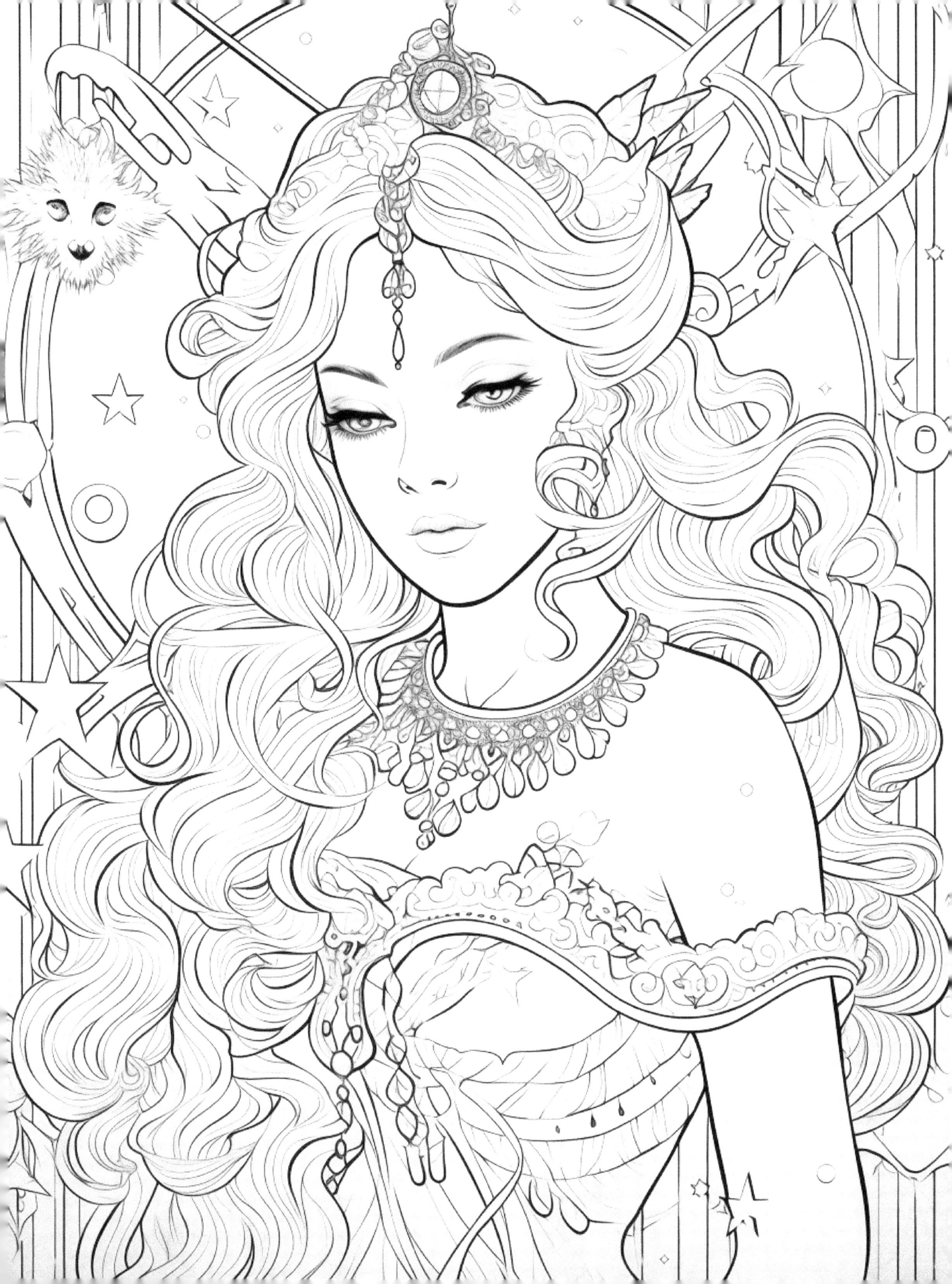

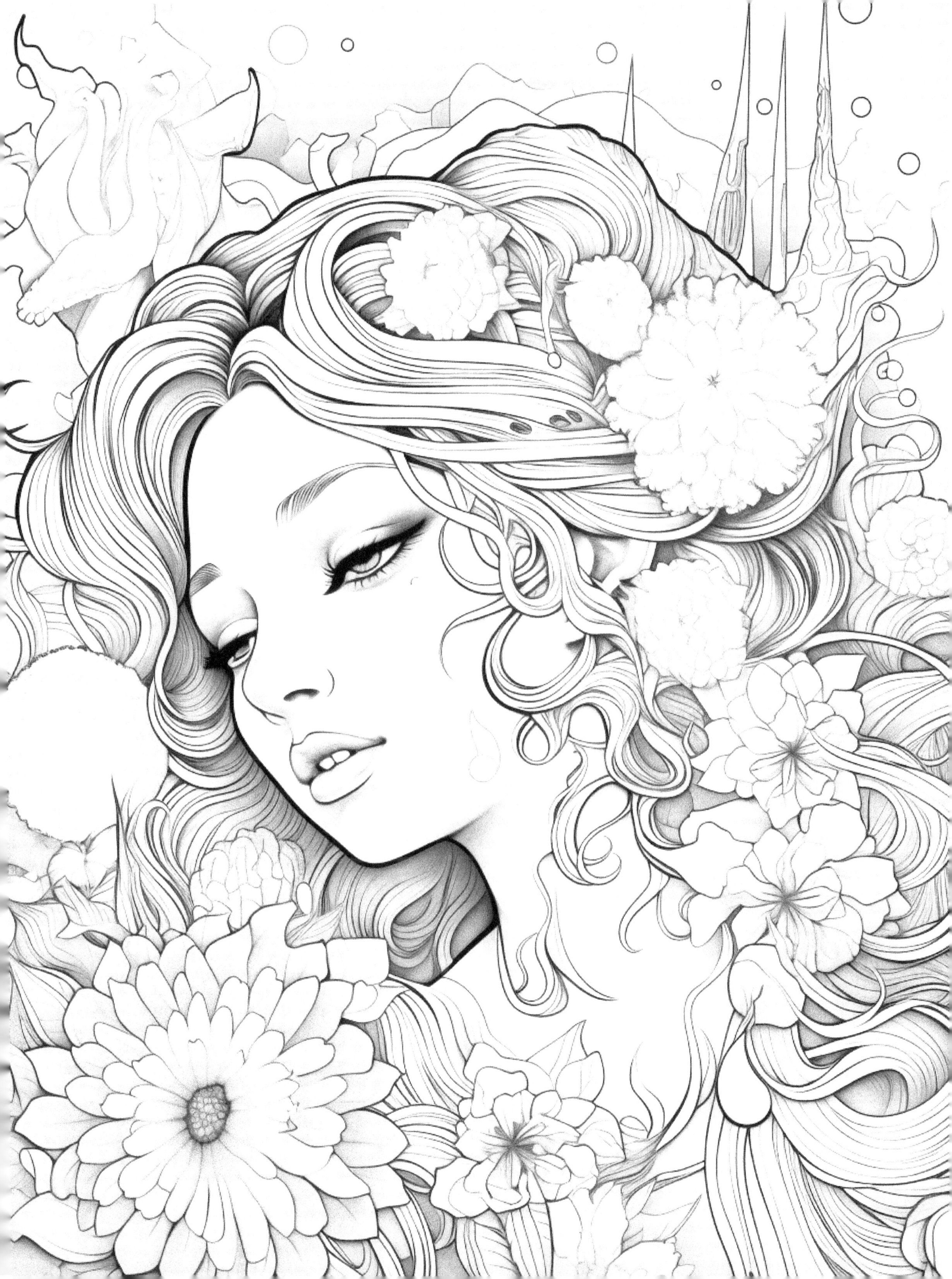

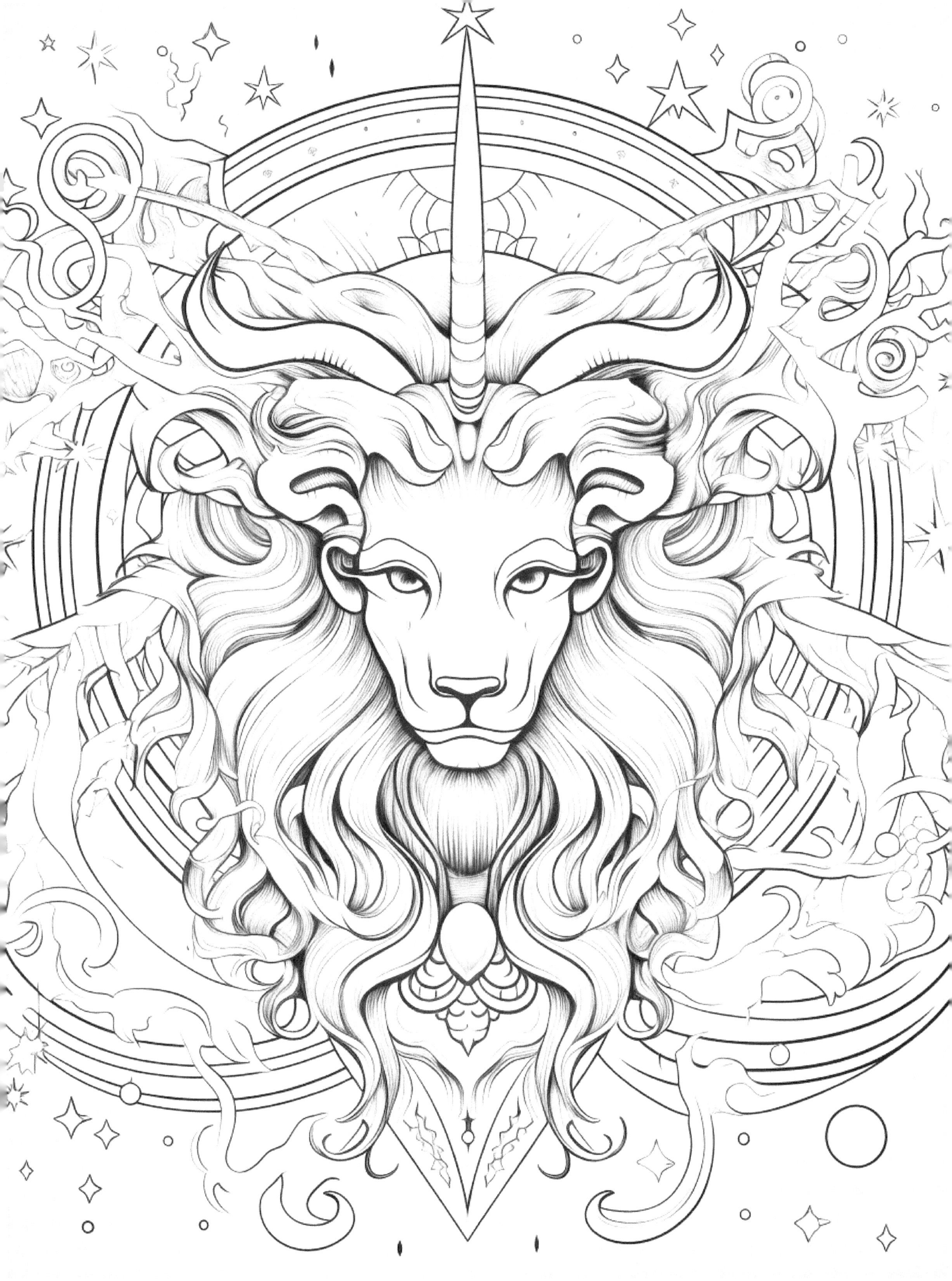

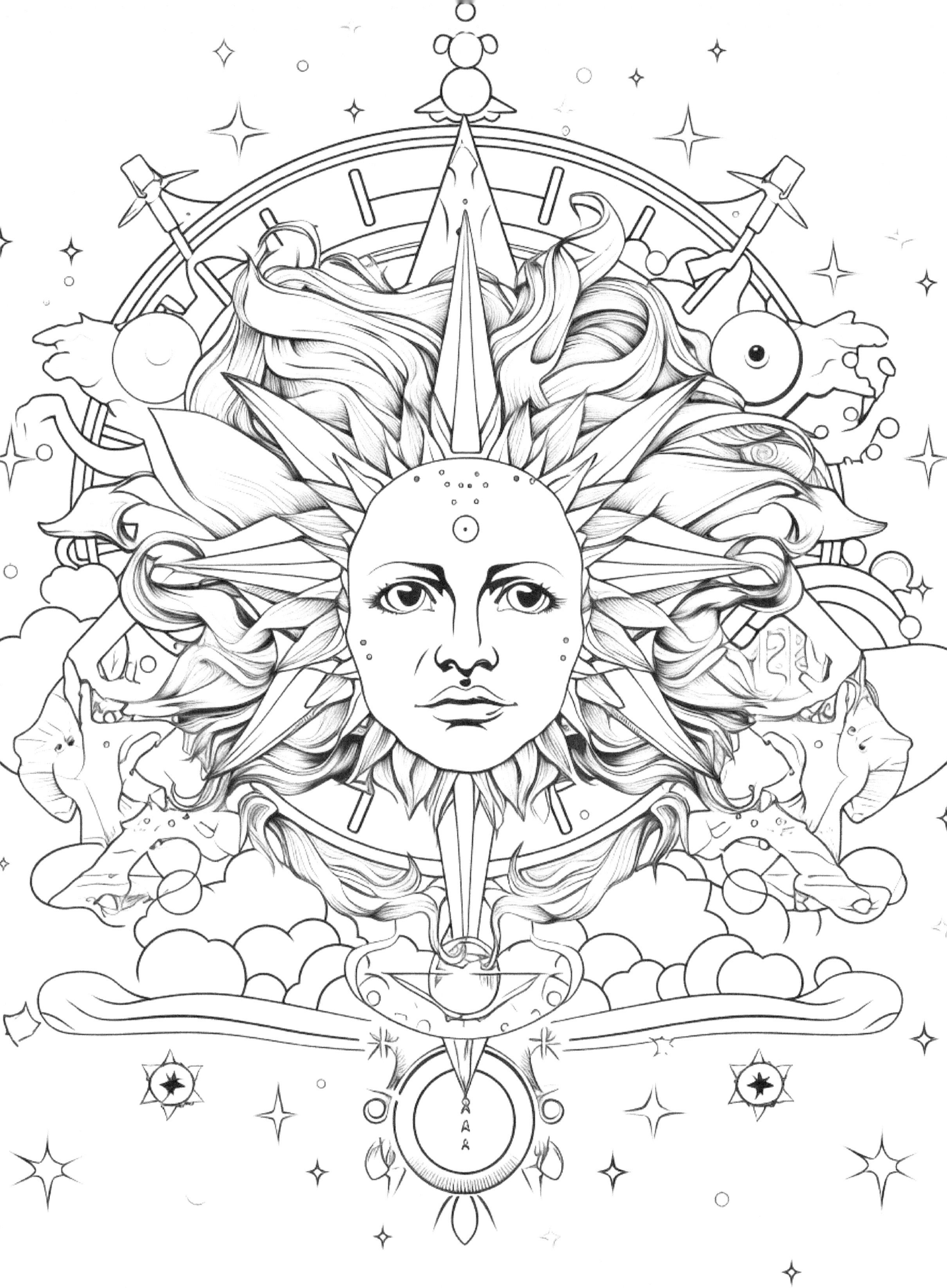

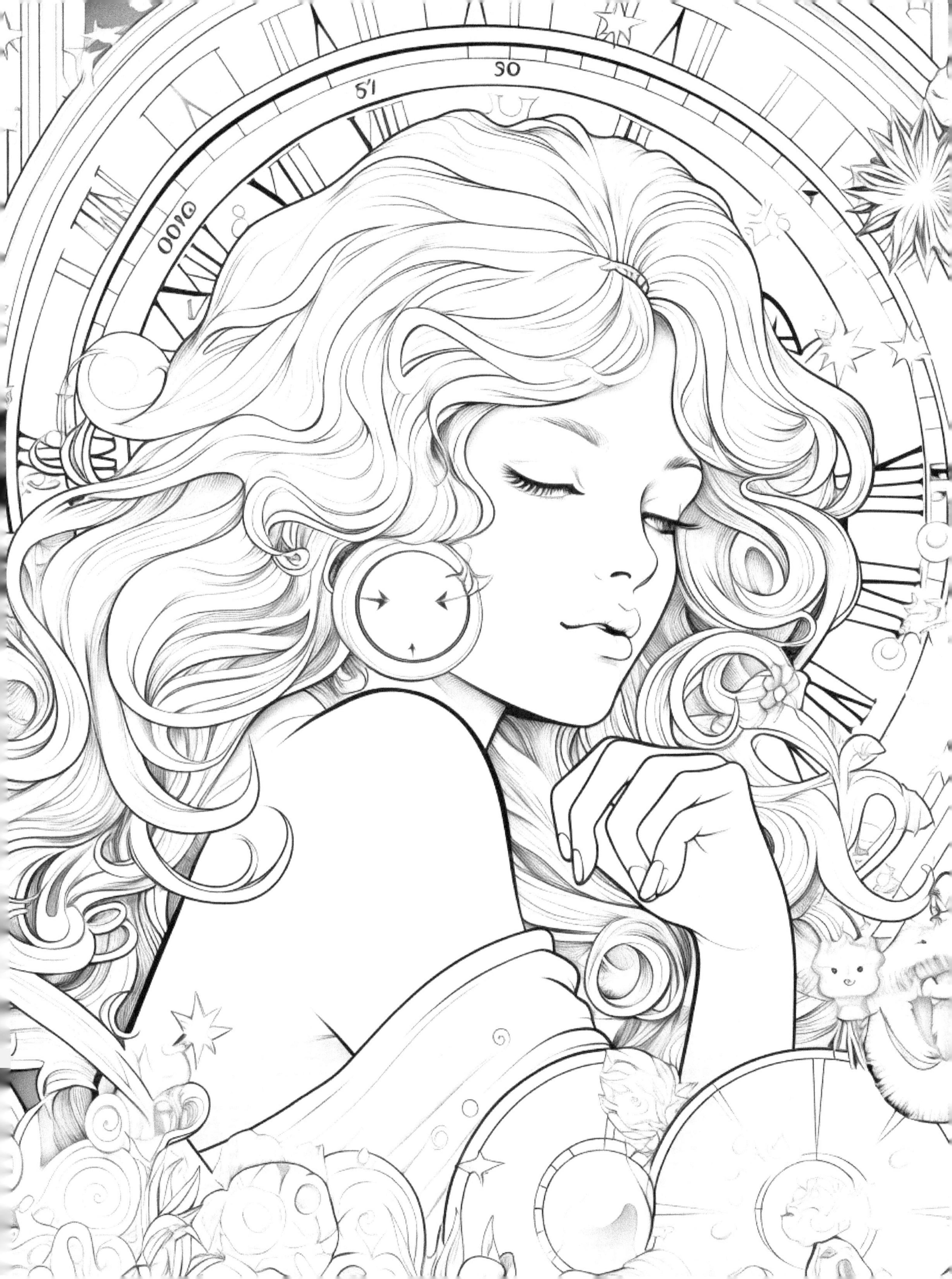

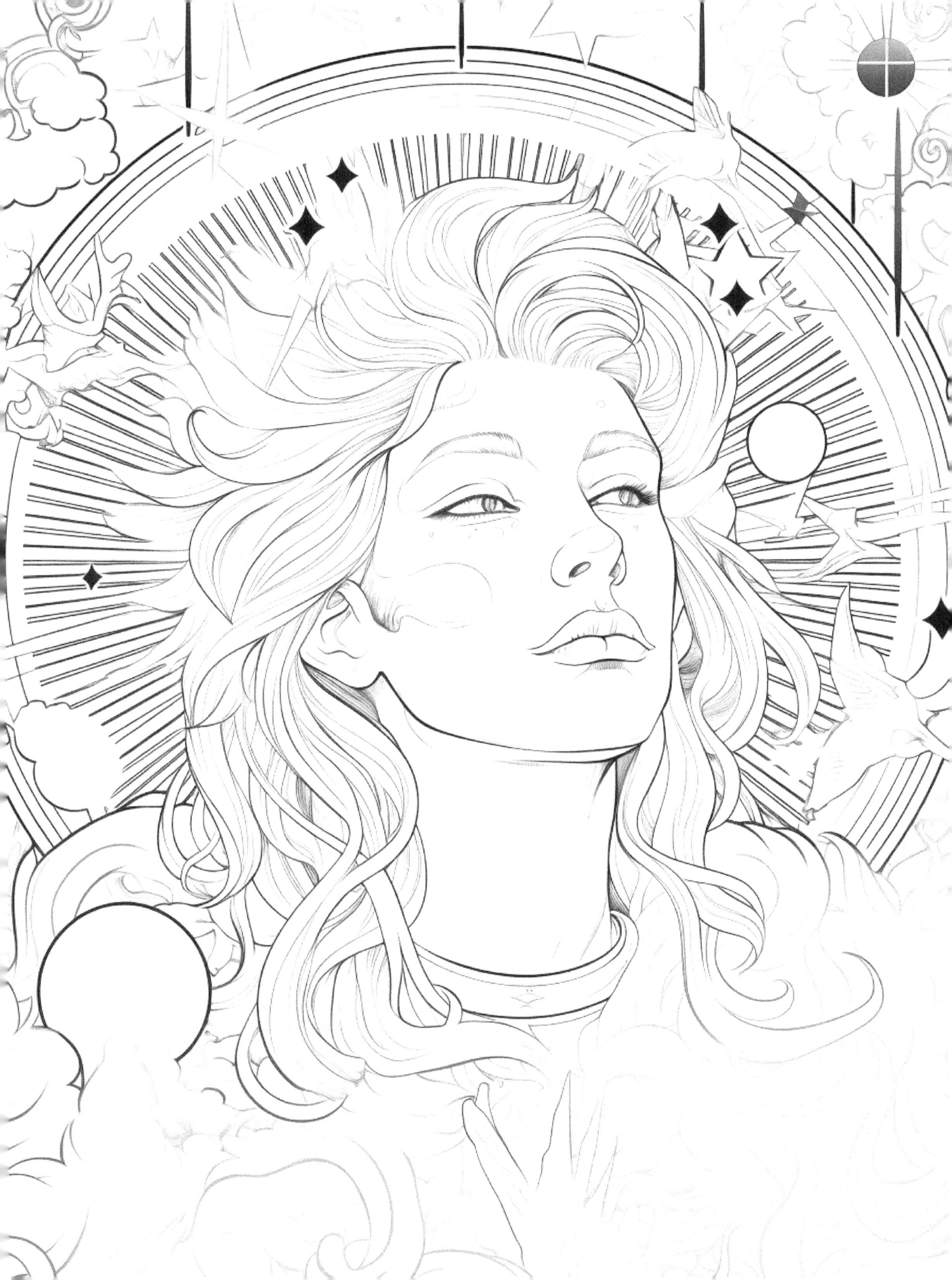

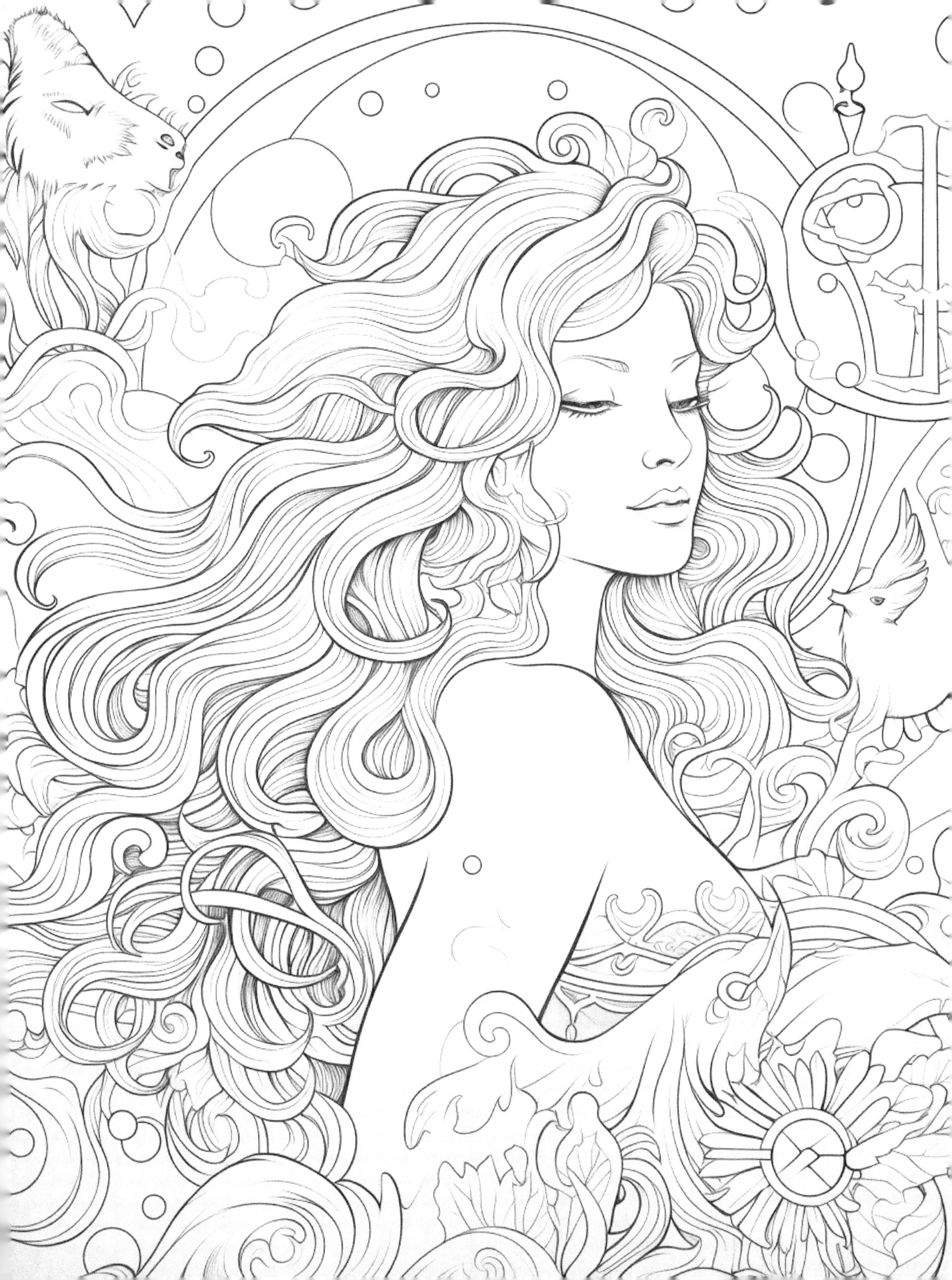

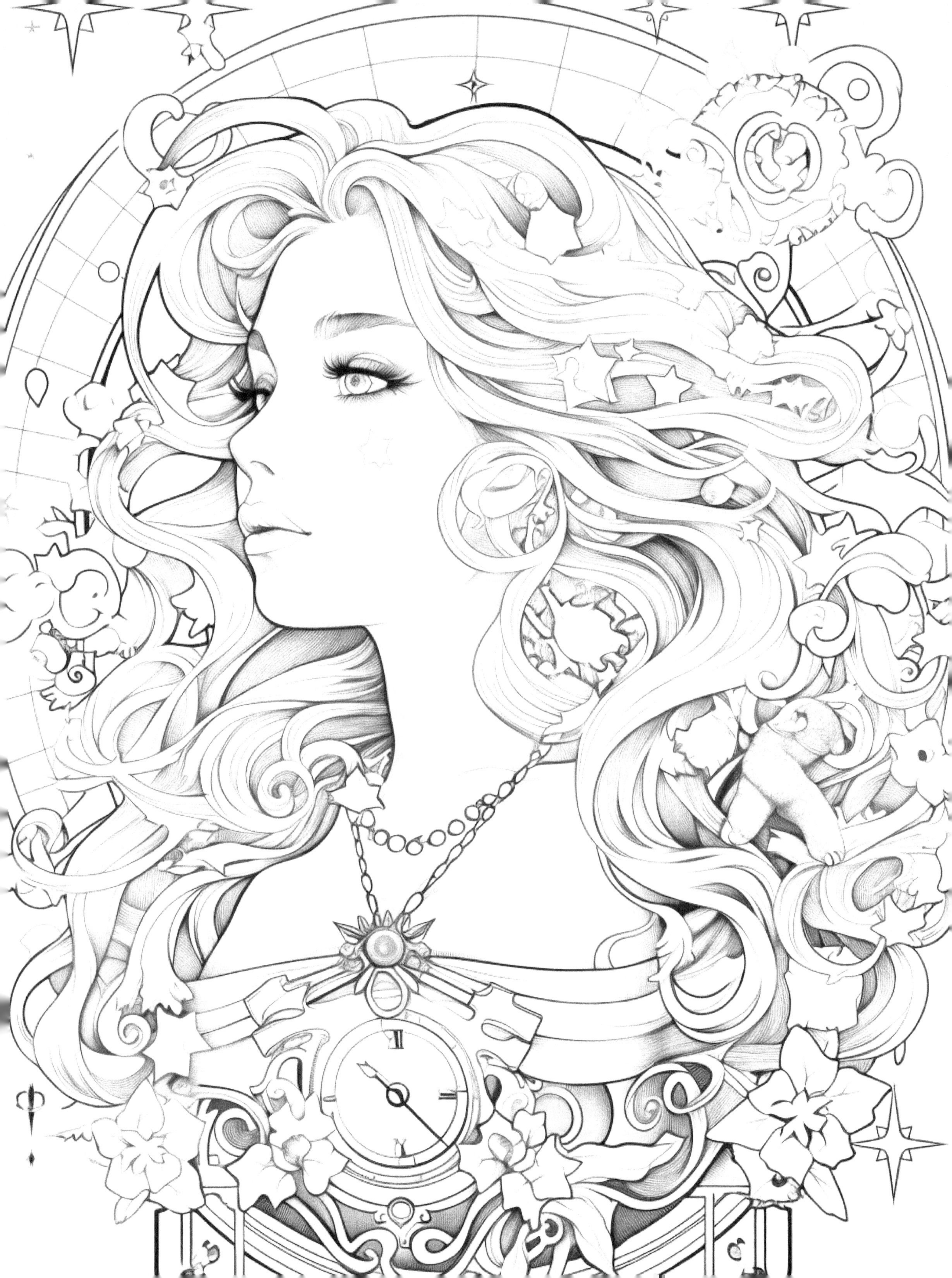

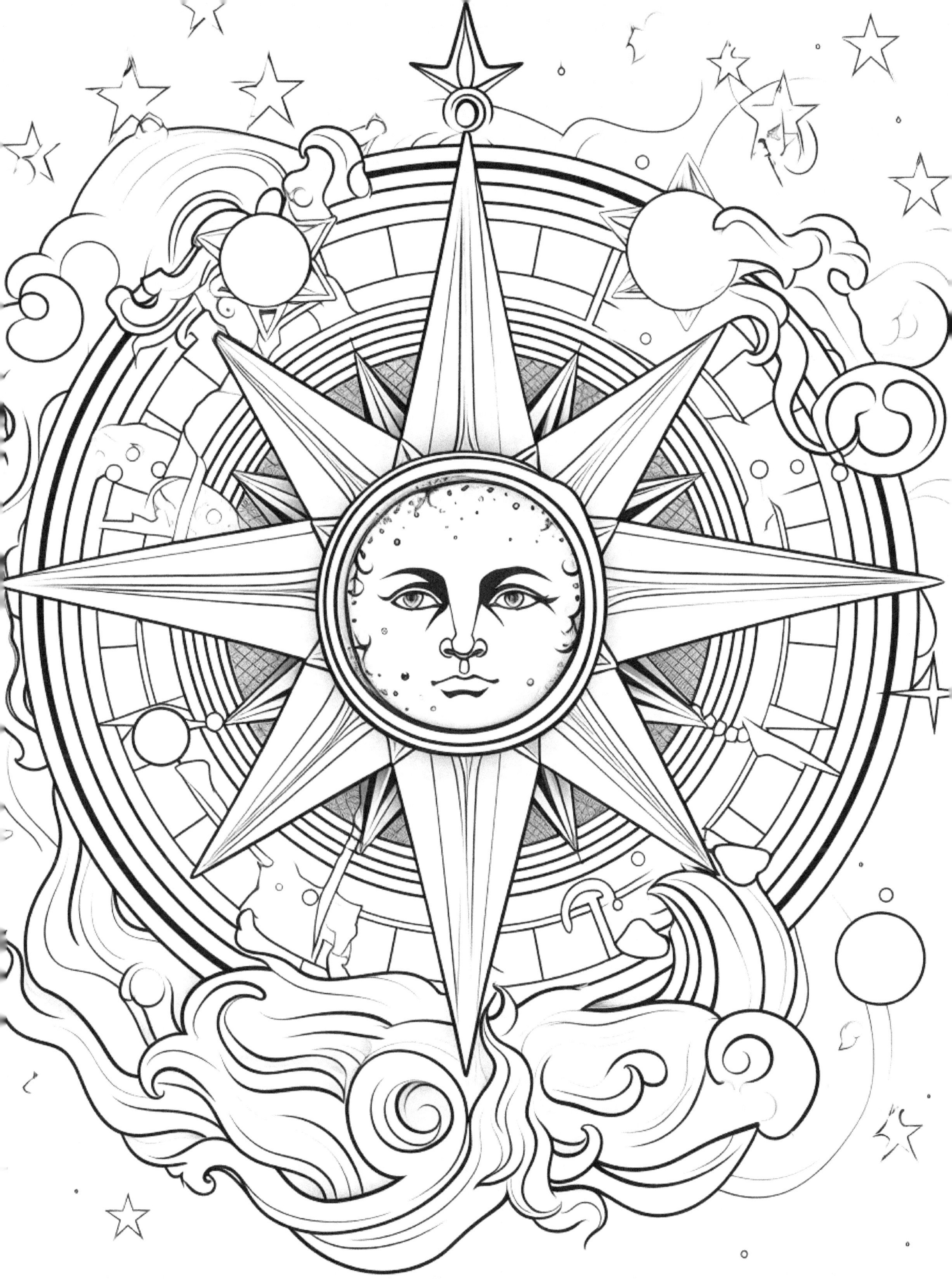

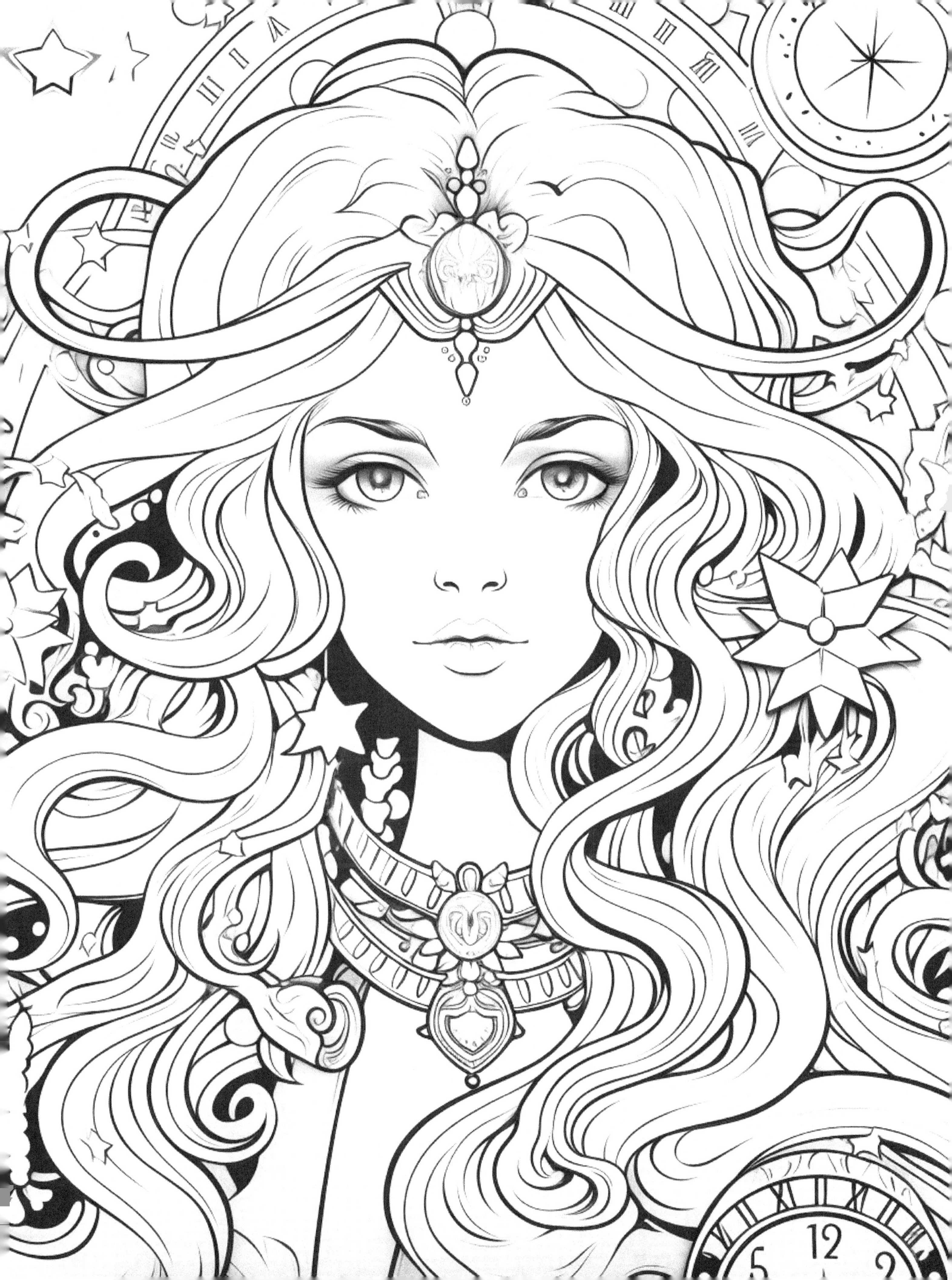
12

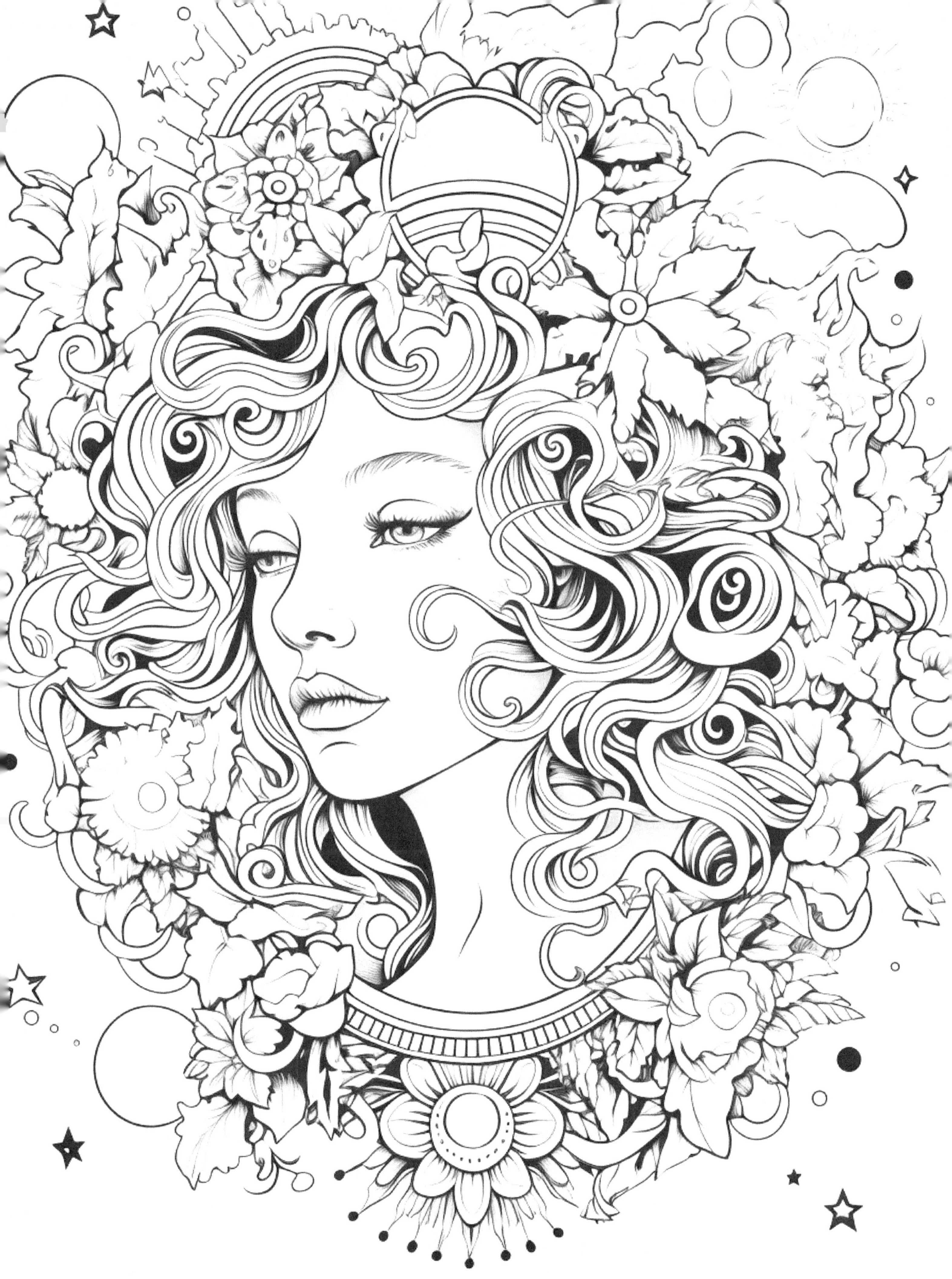

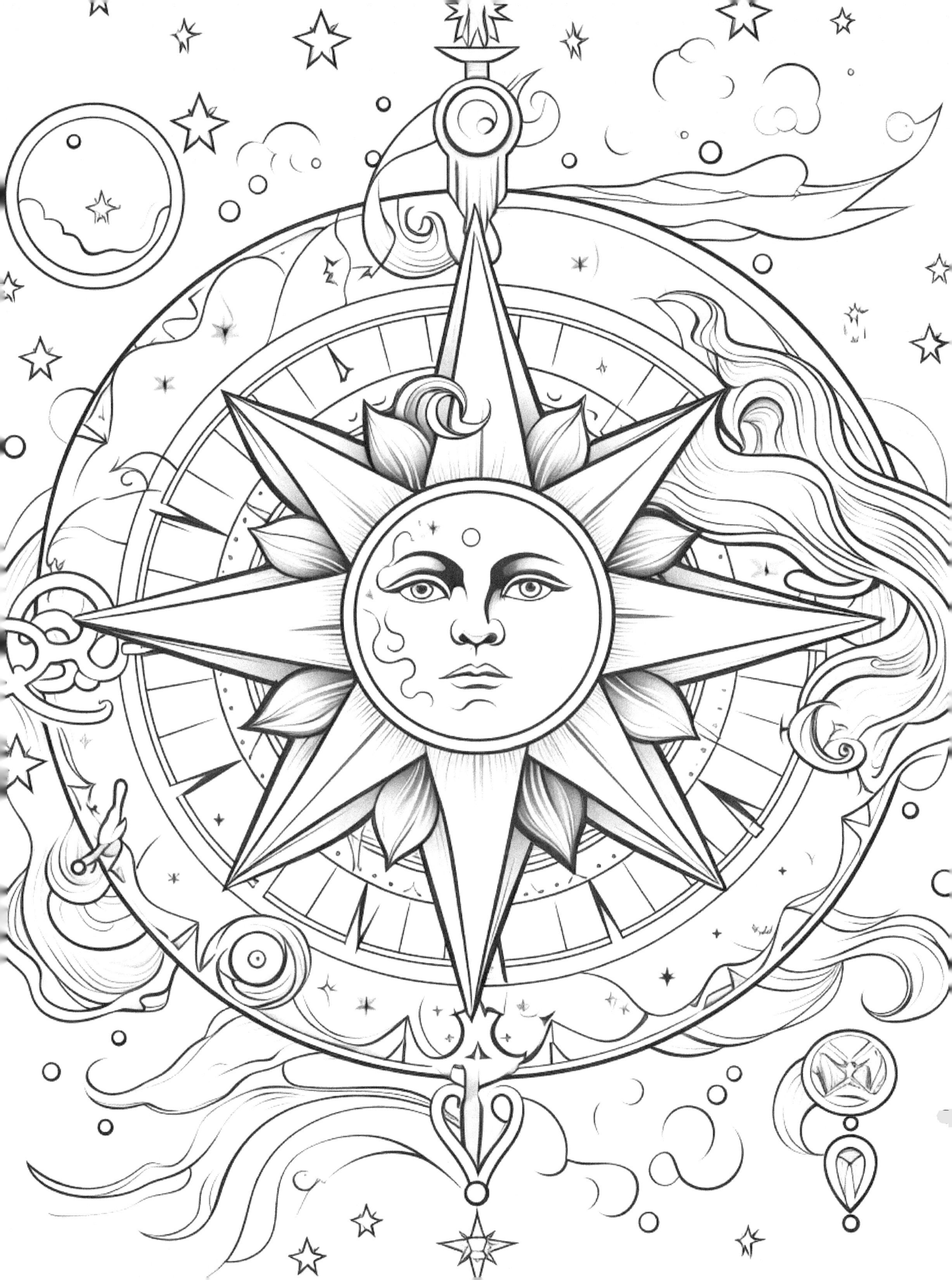

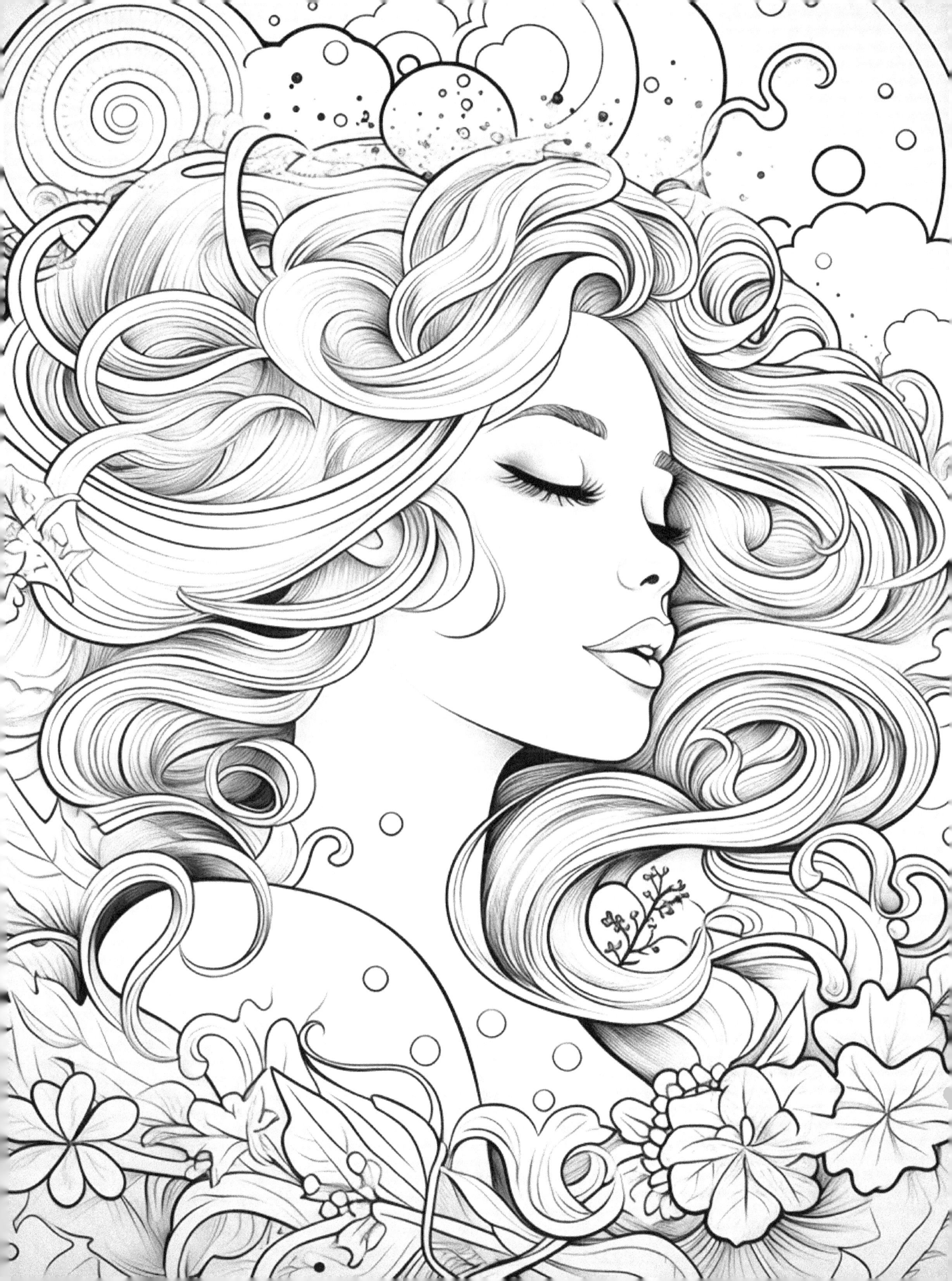

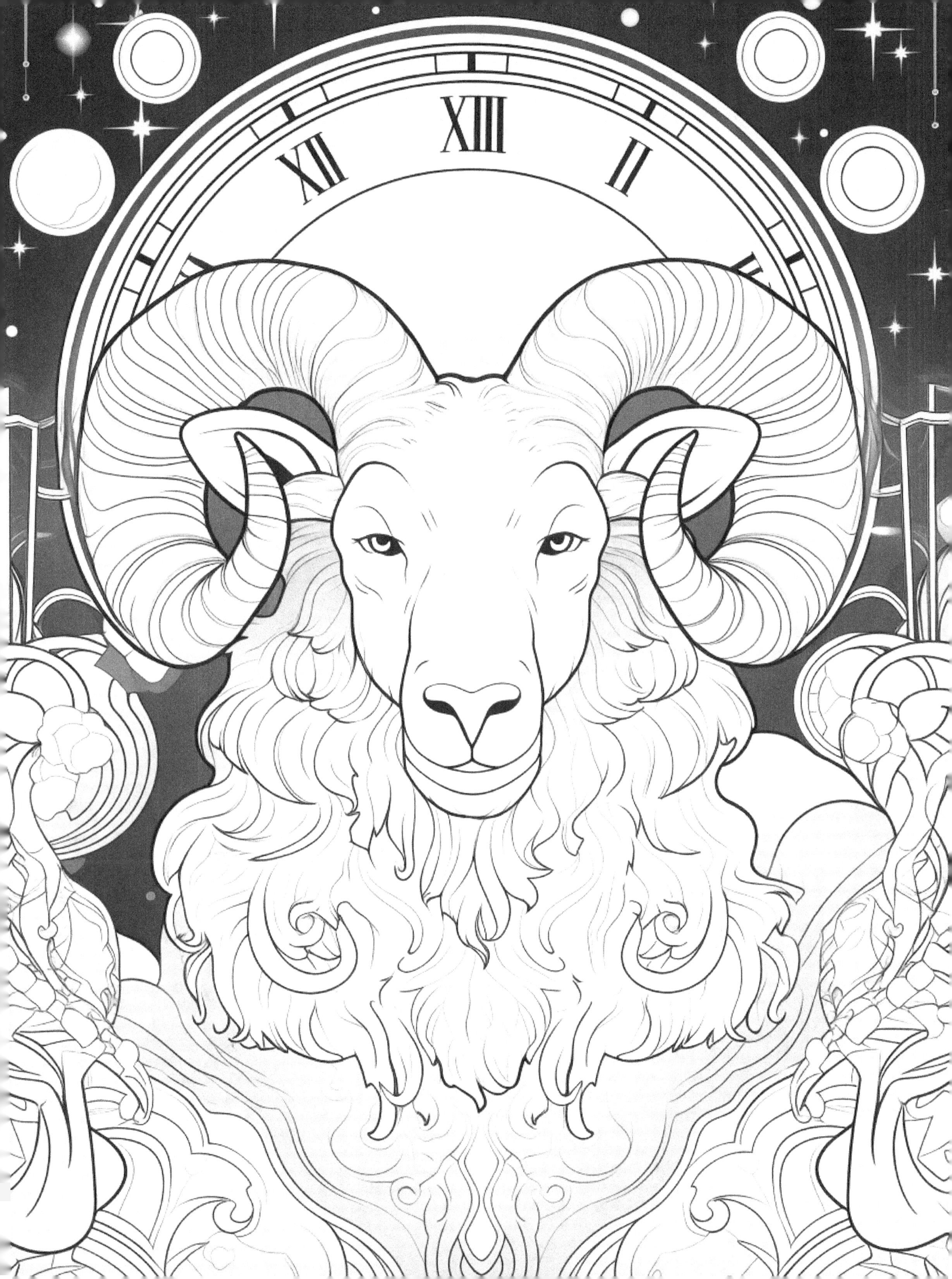
XII
XIII
II

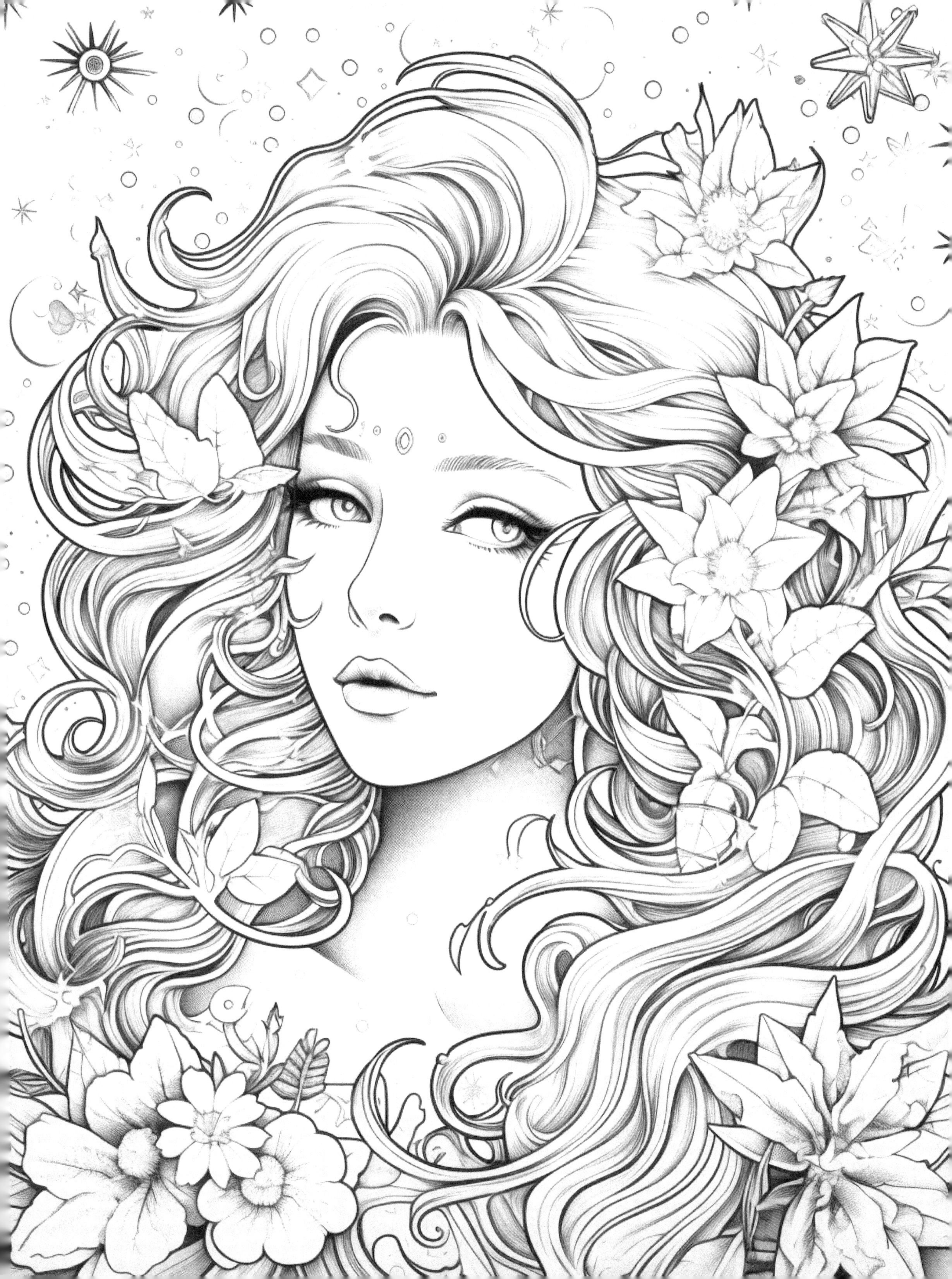

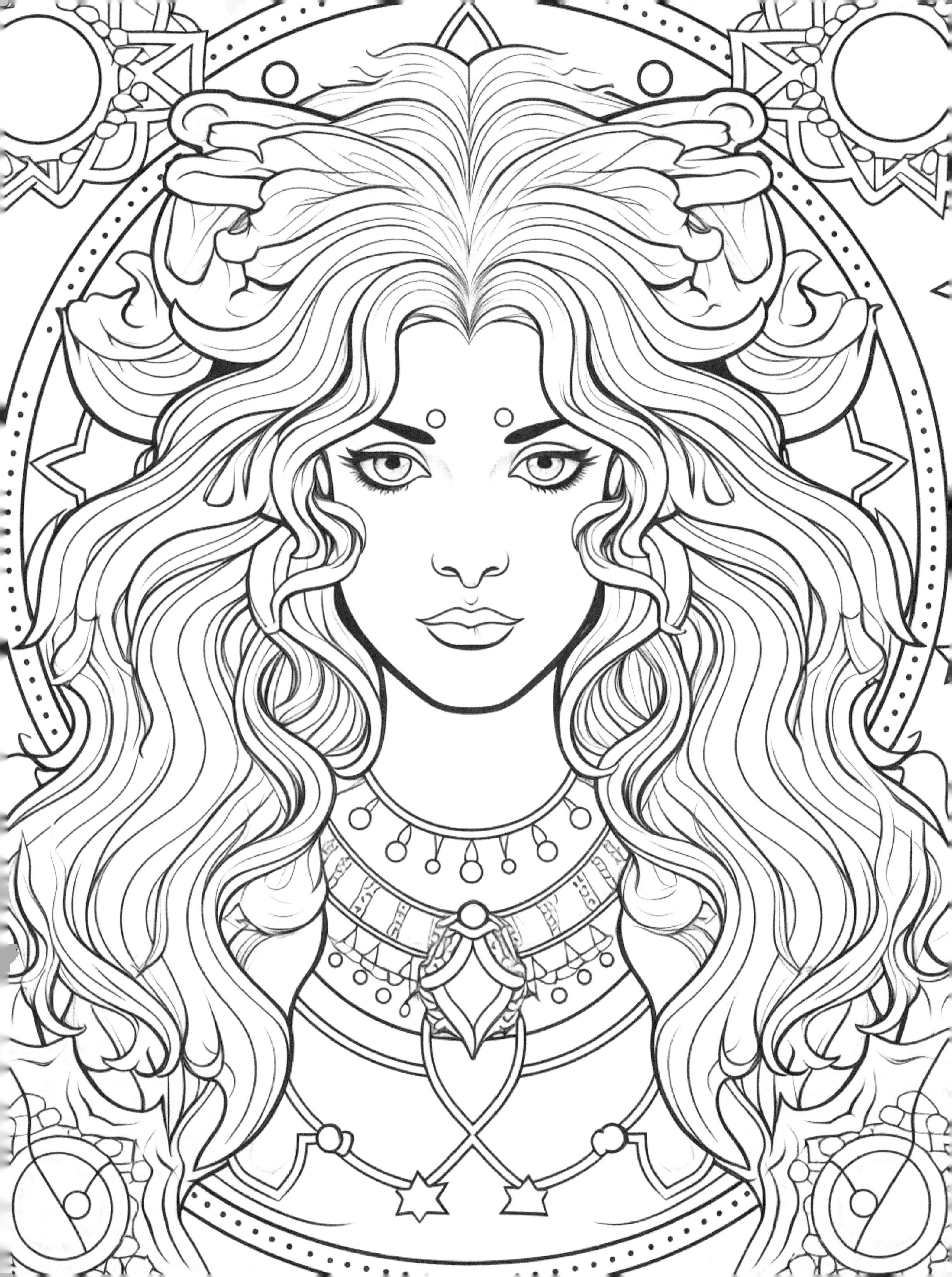

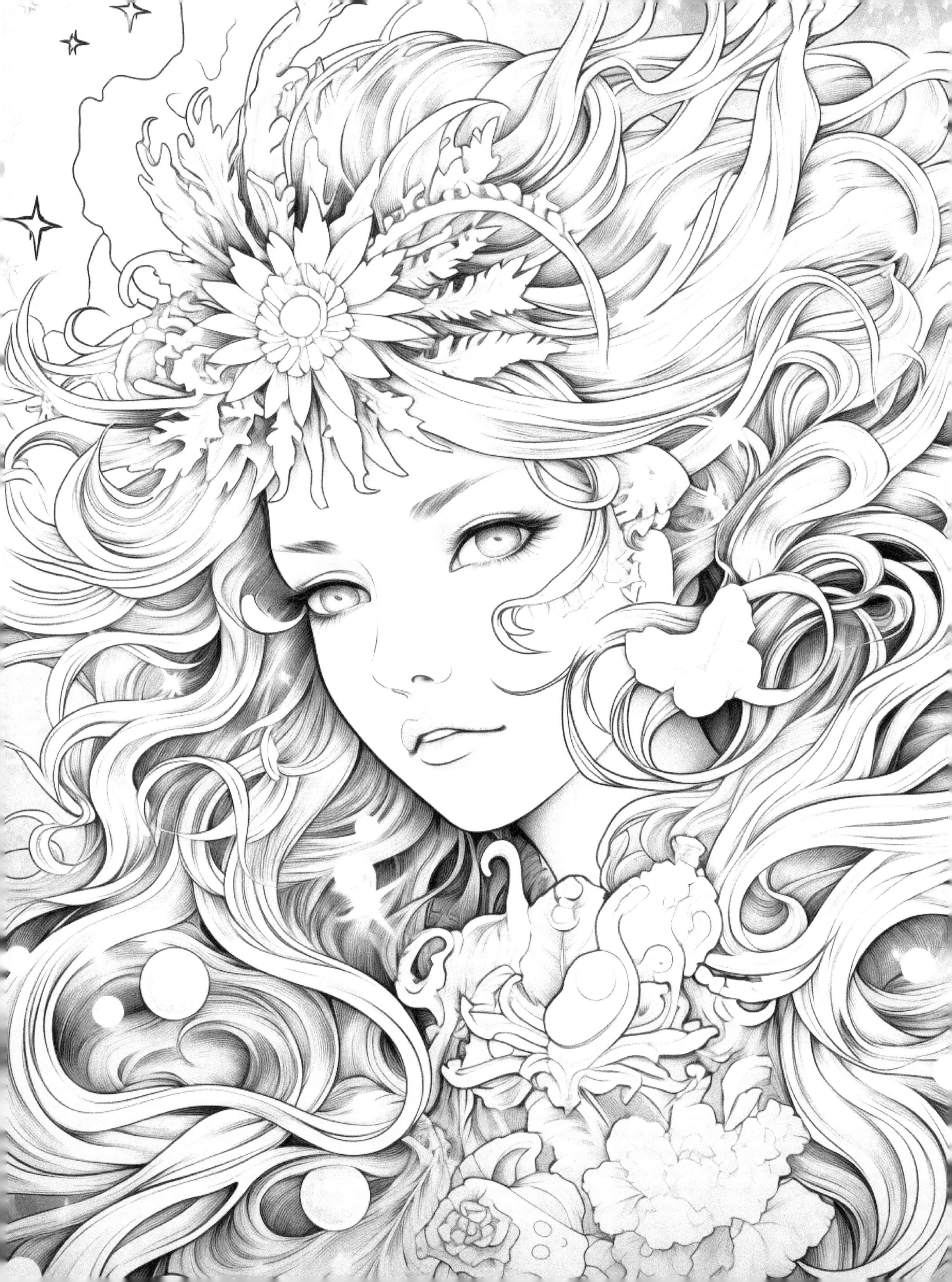

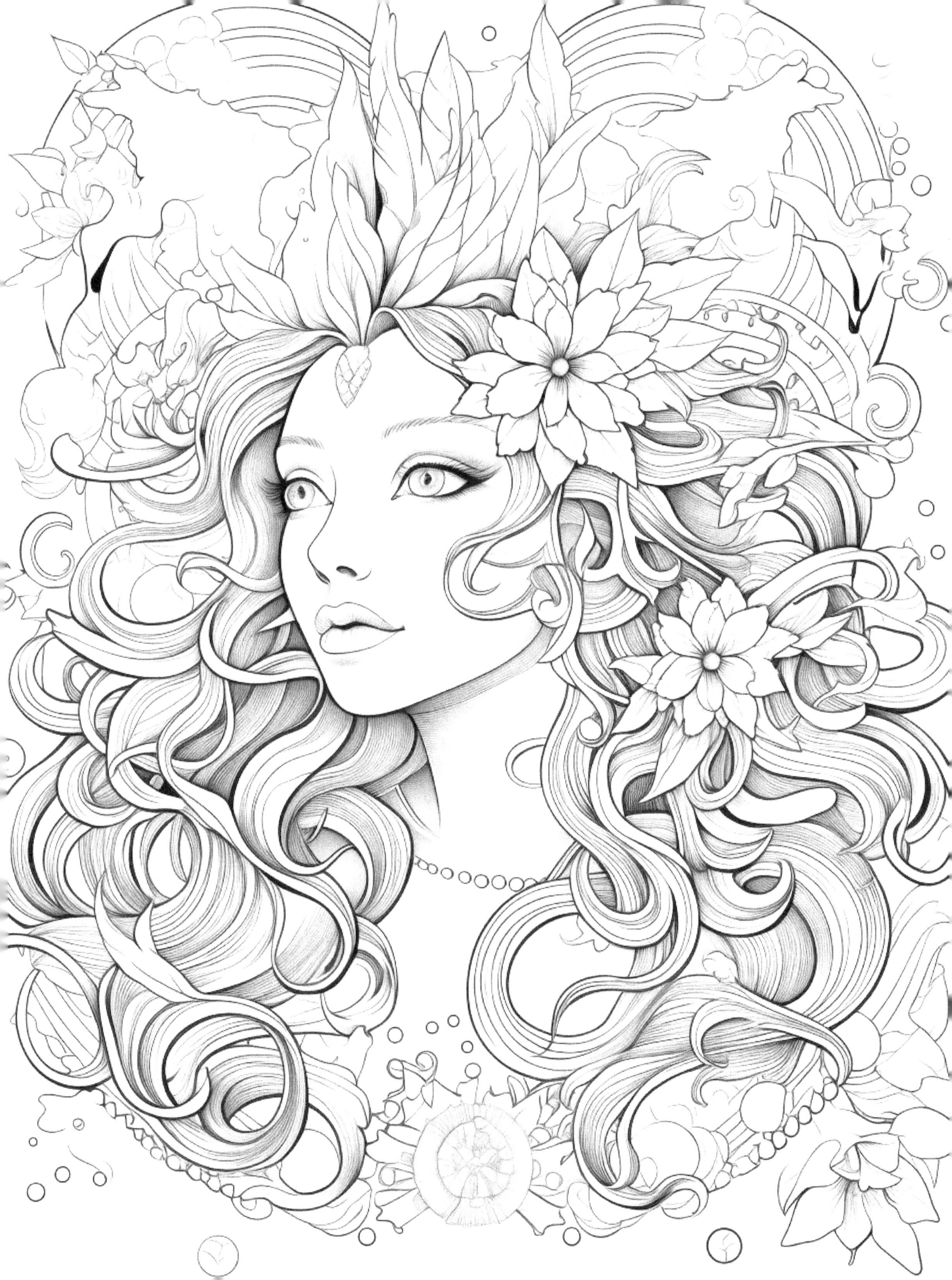

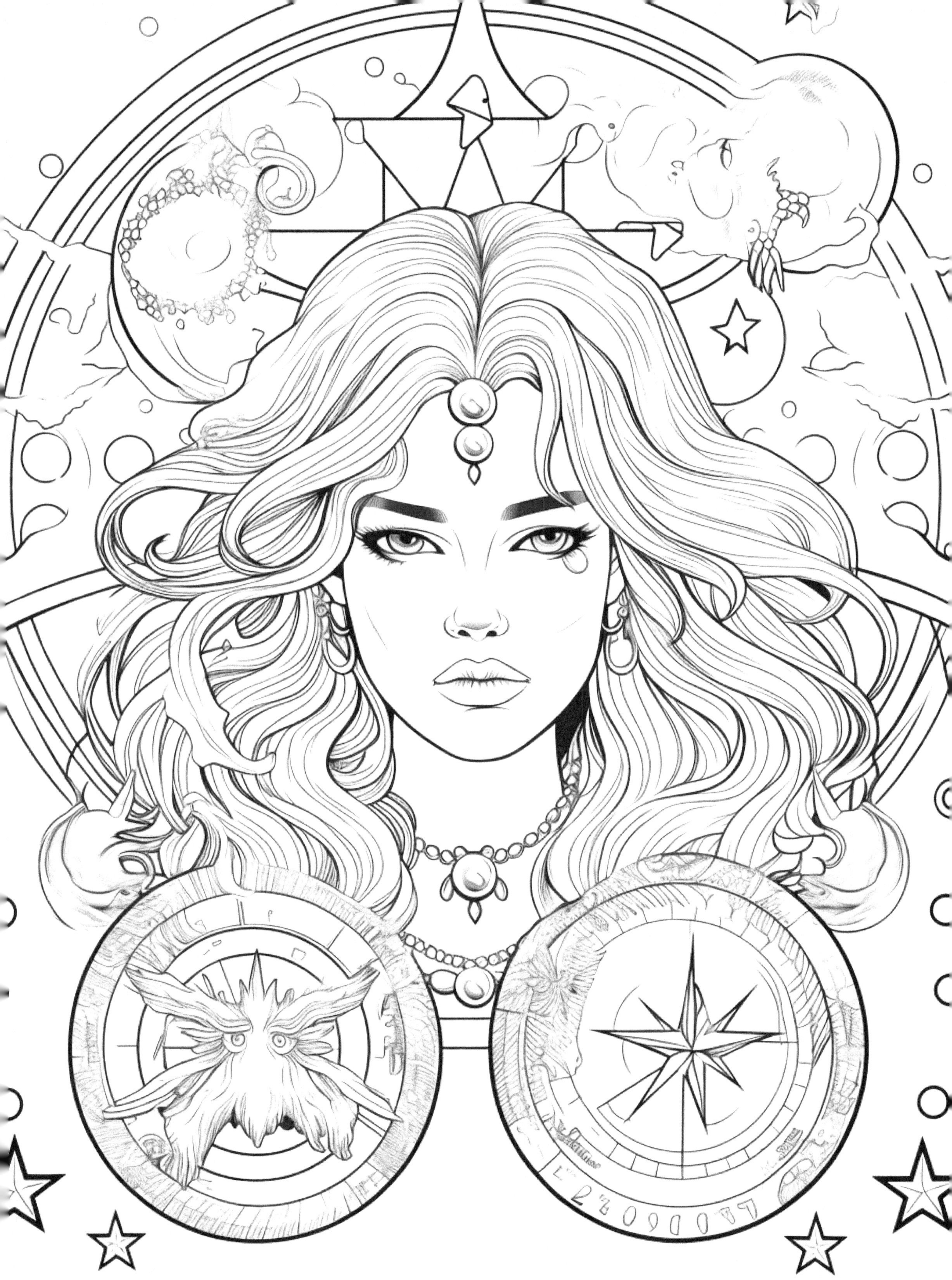

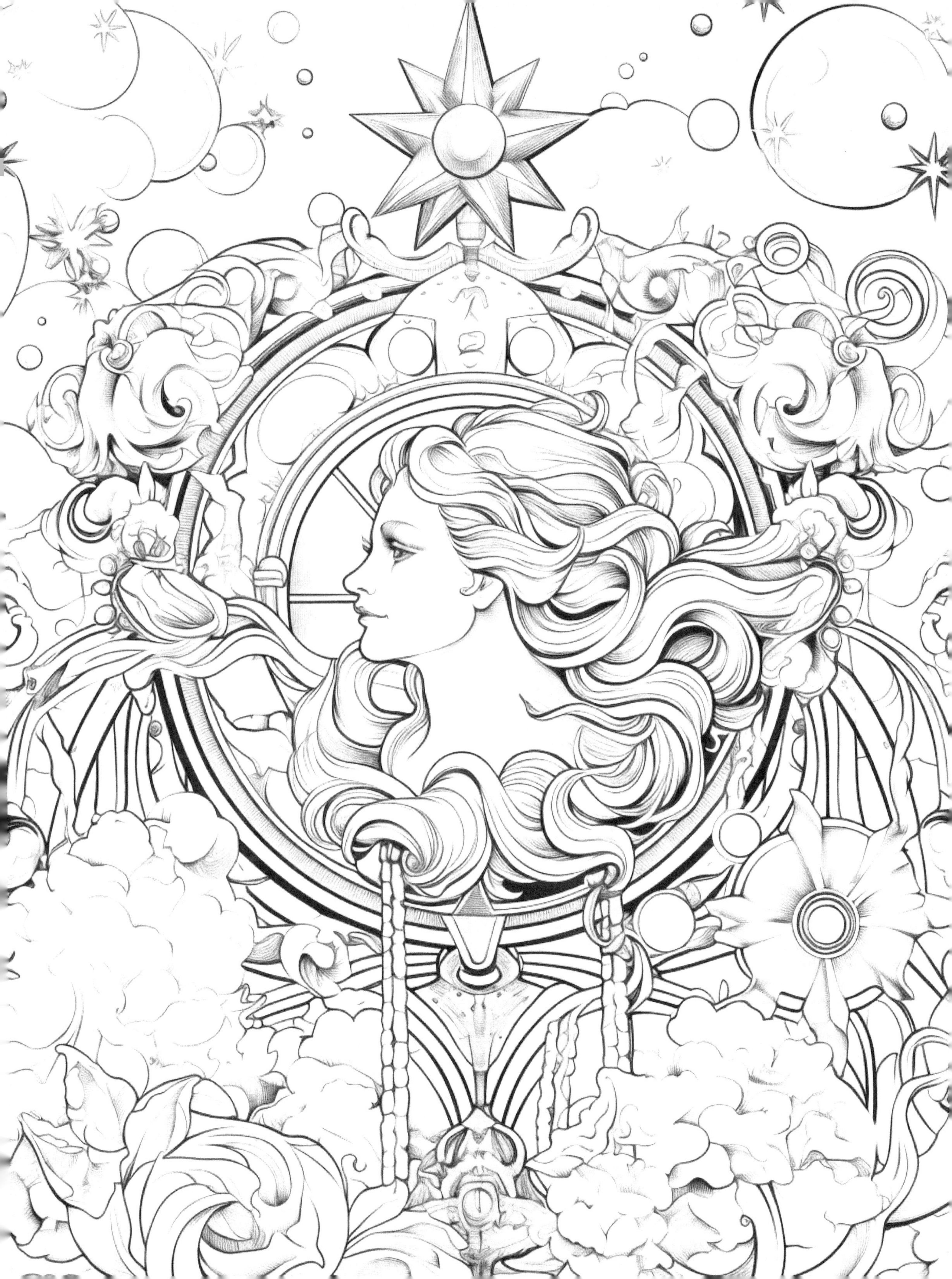

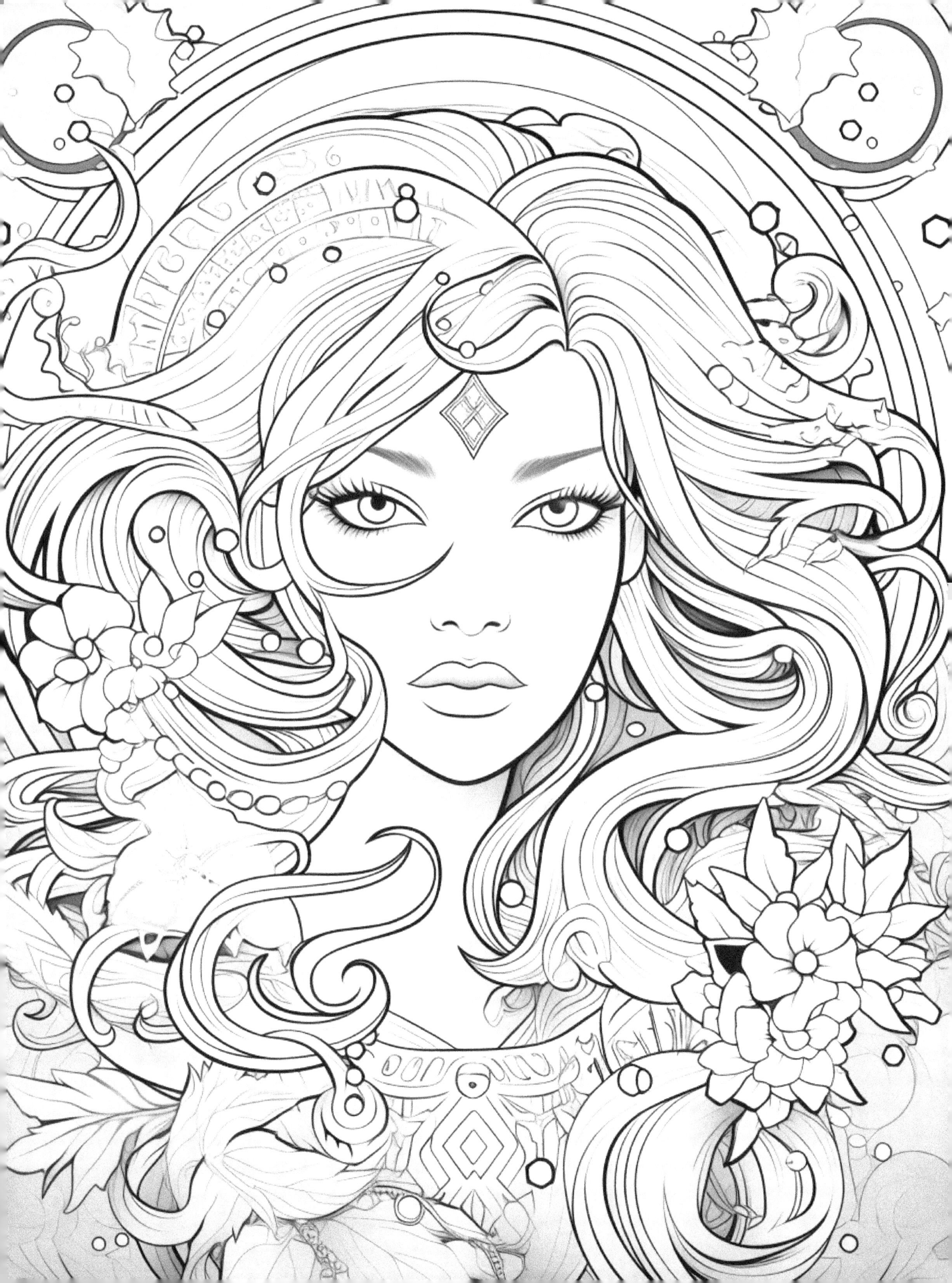

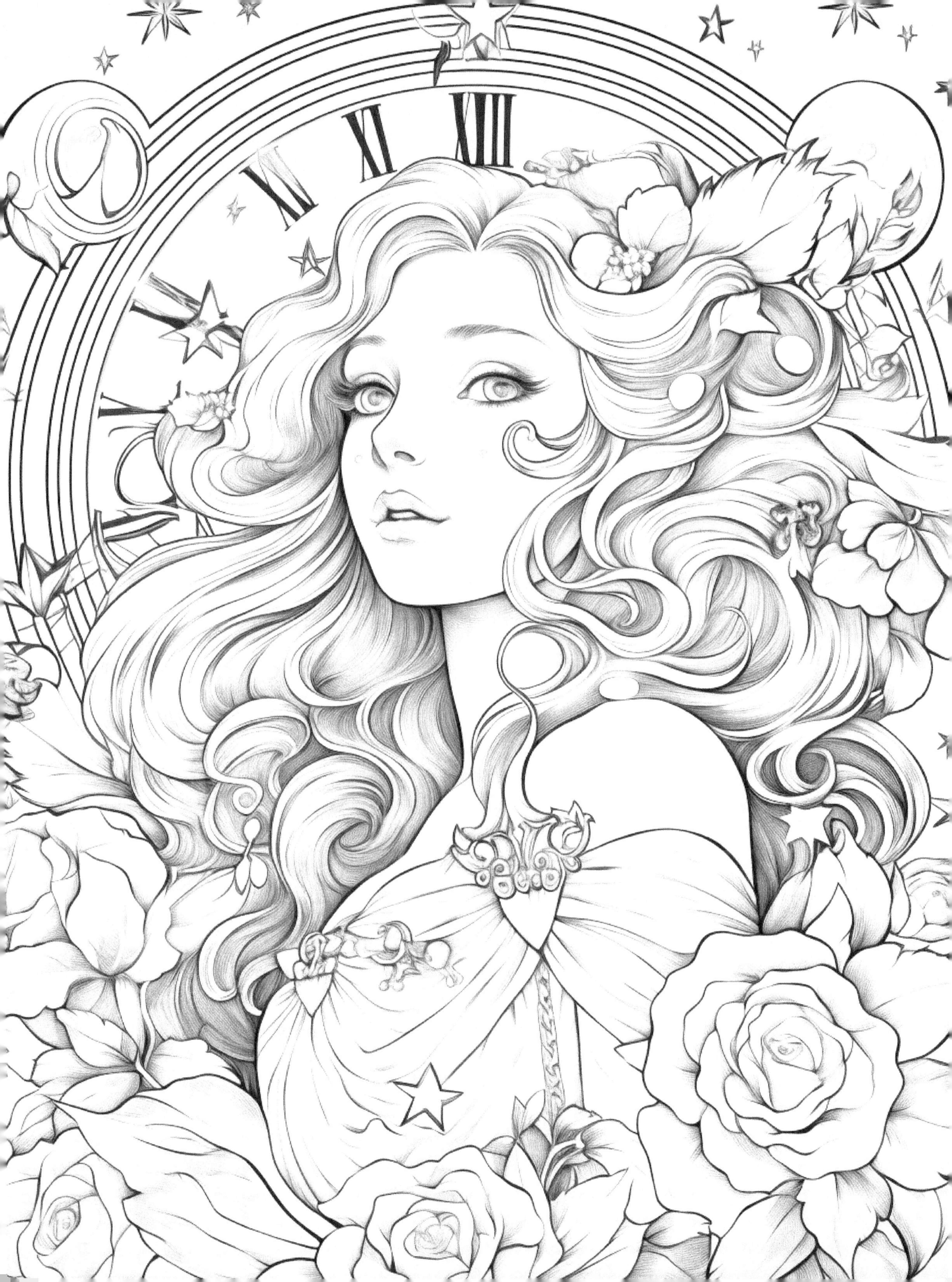
XI
XII

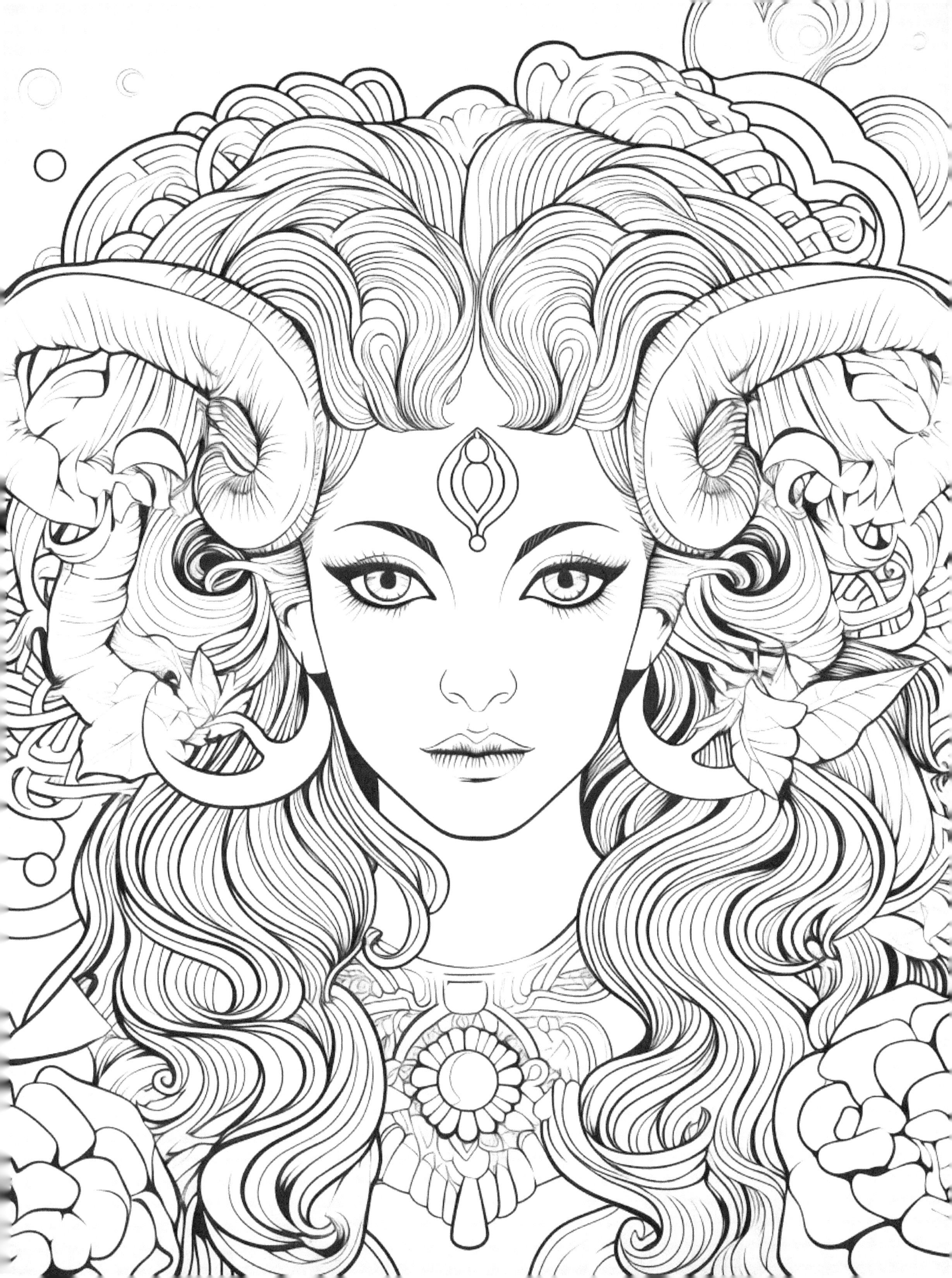

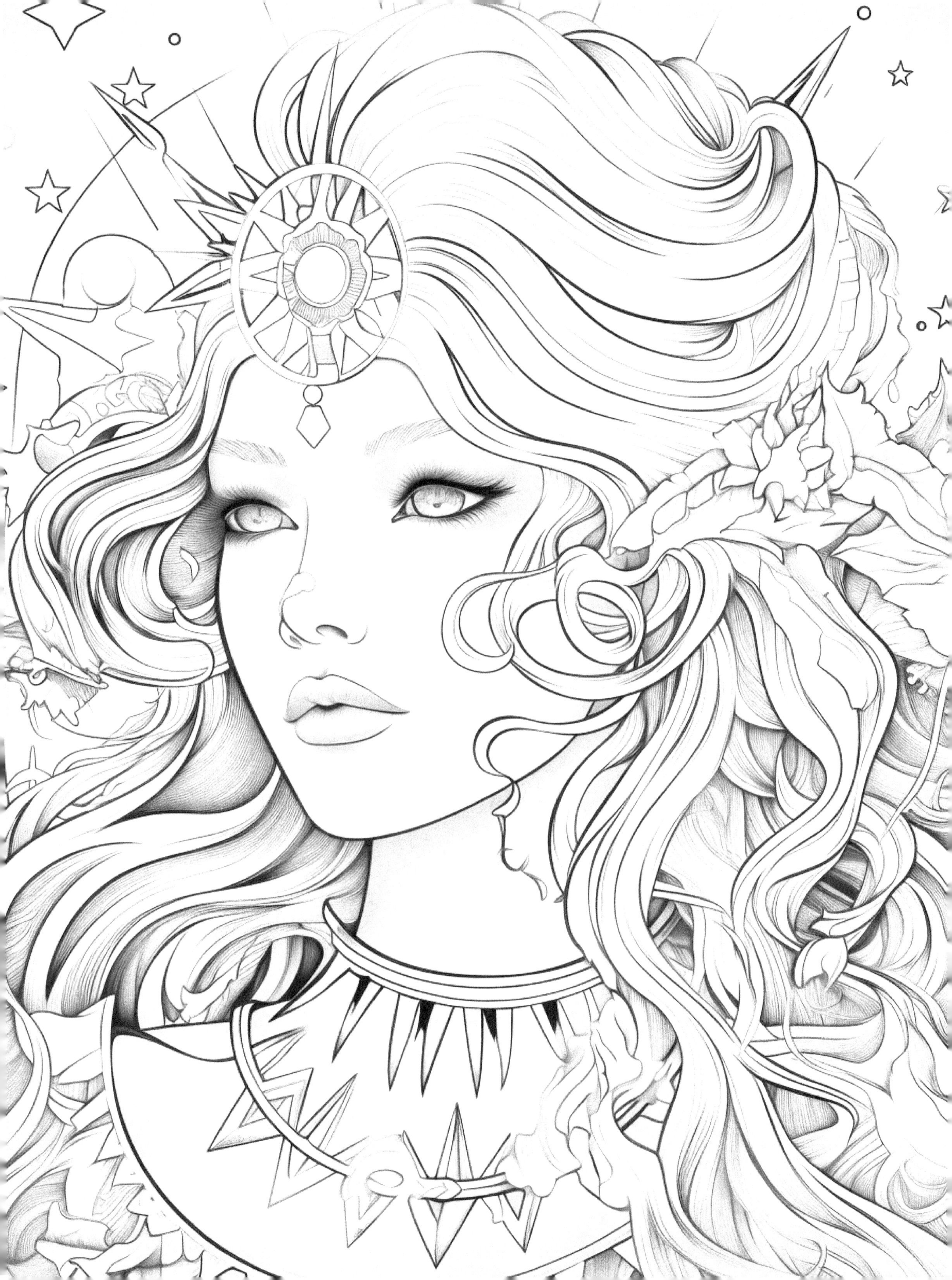

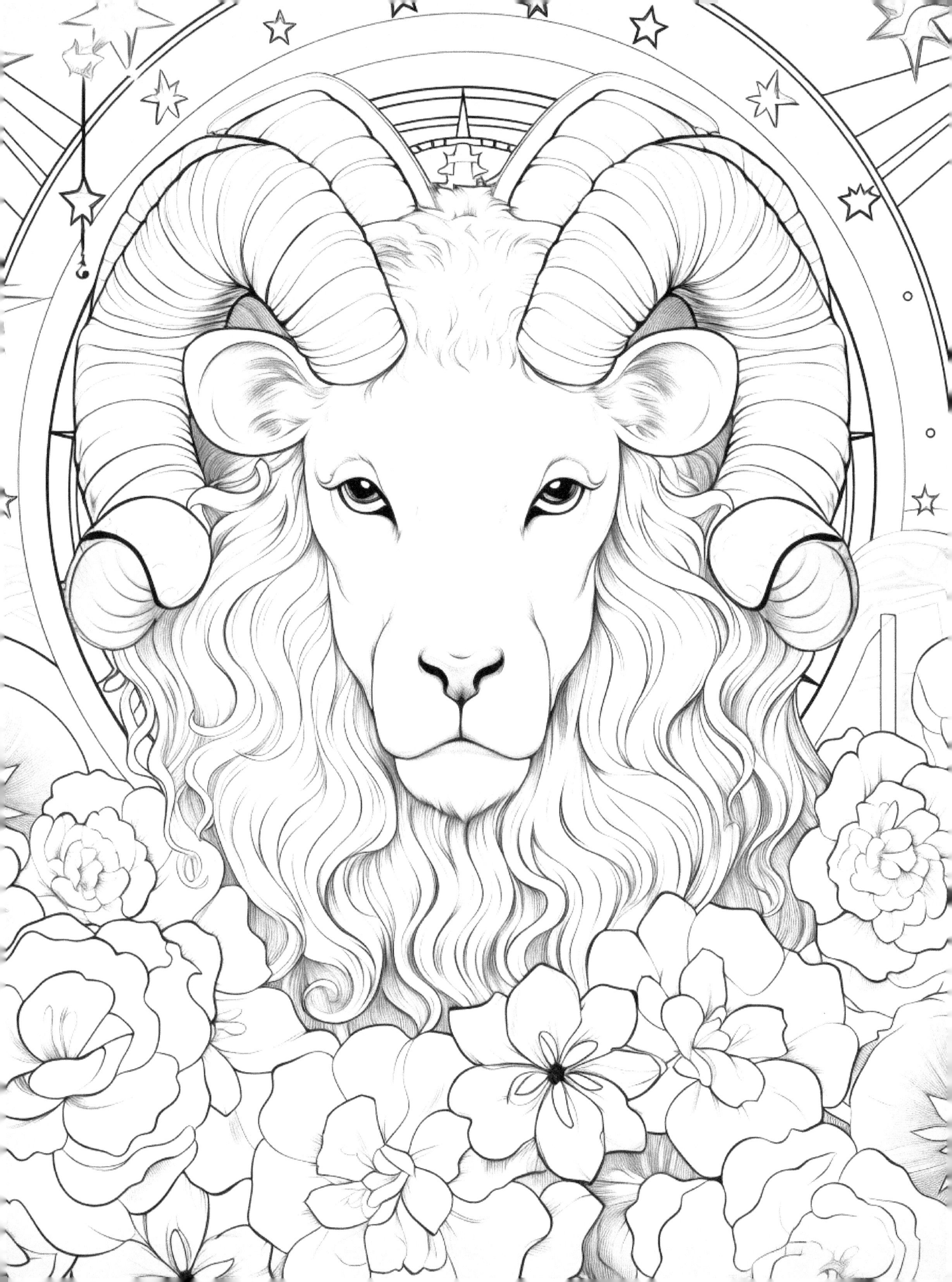

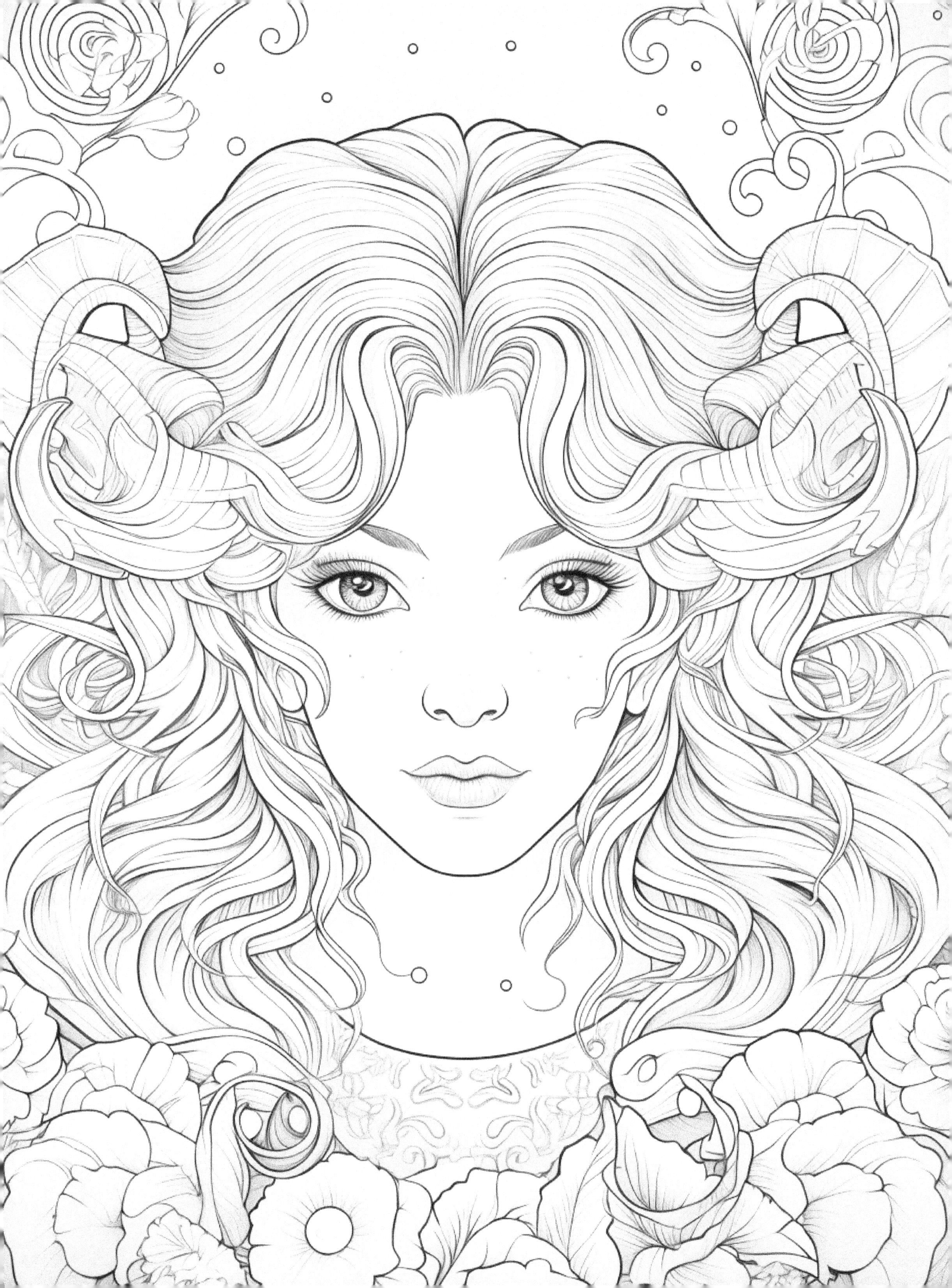

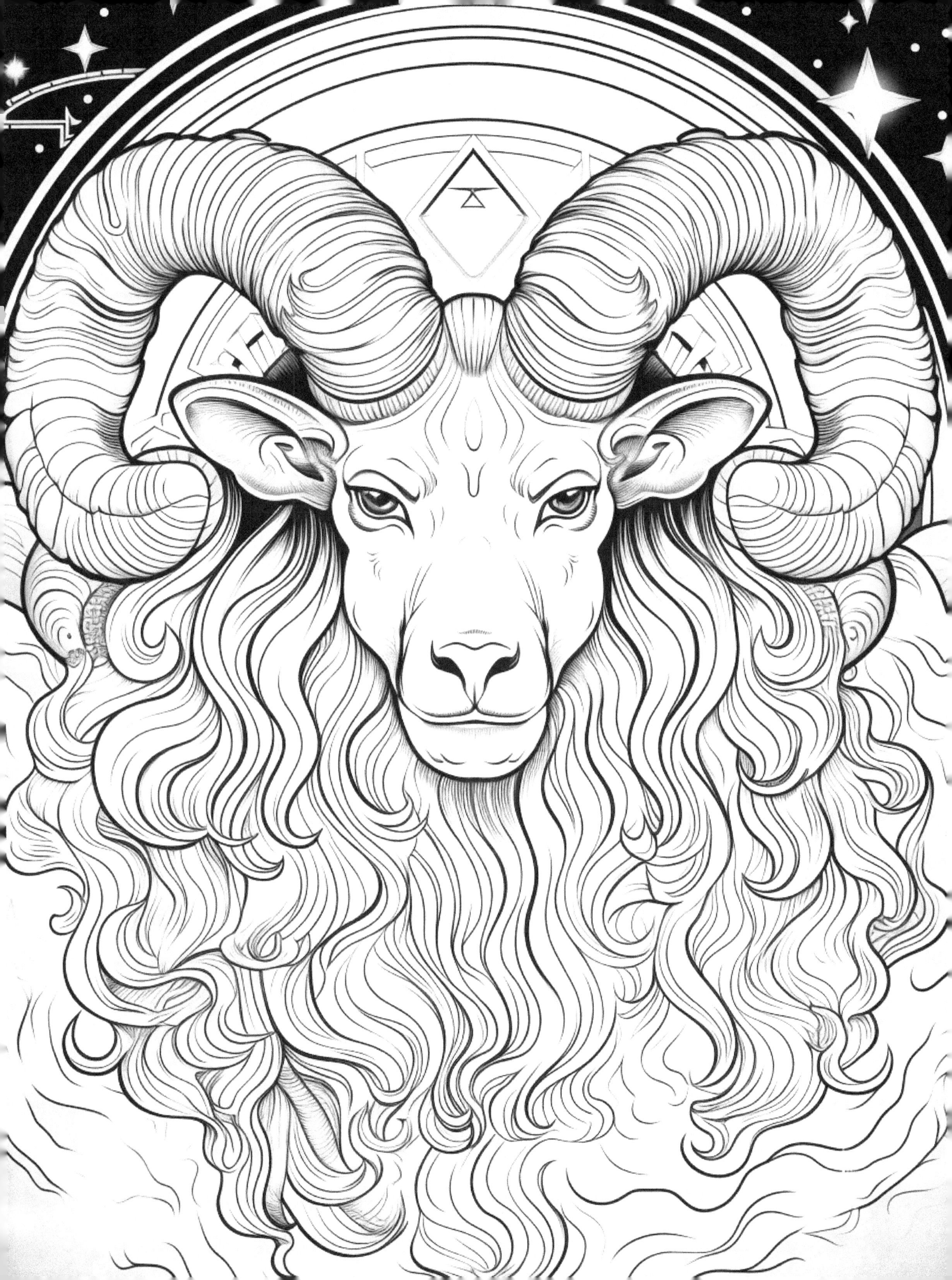

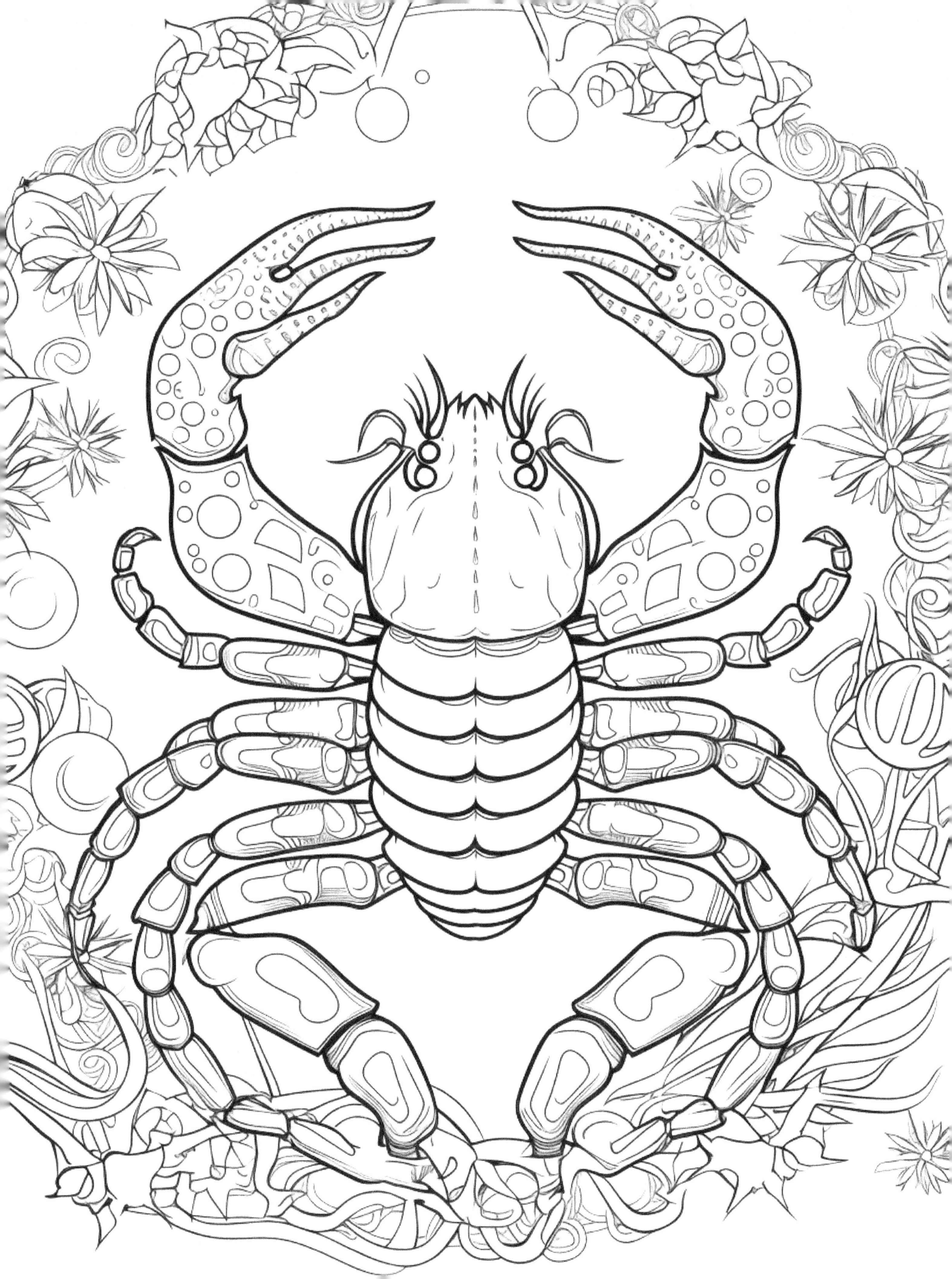

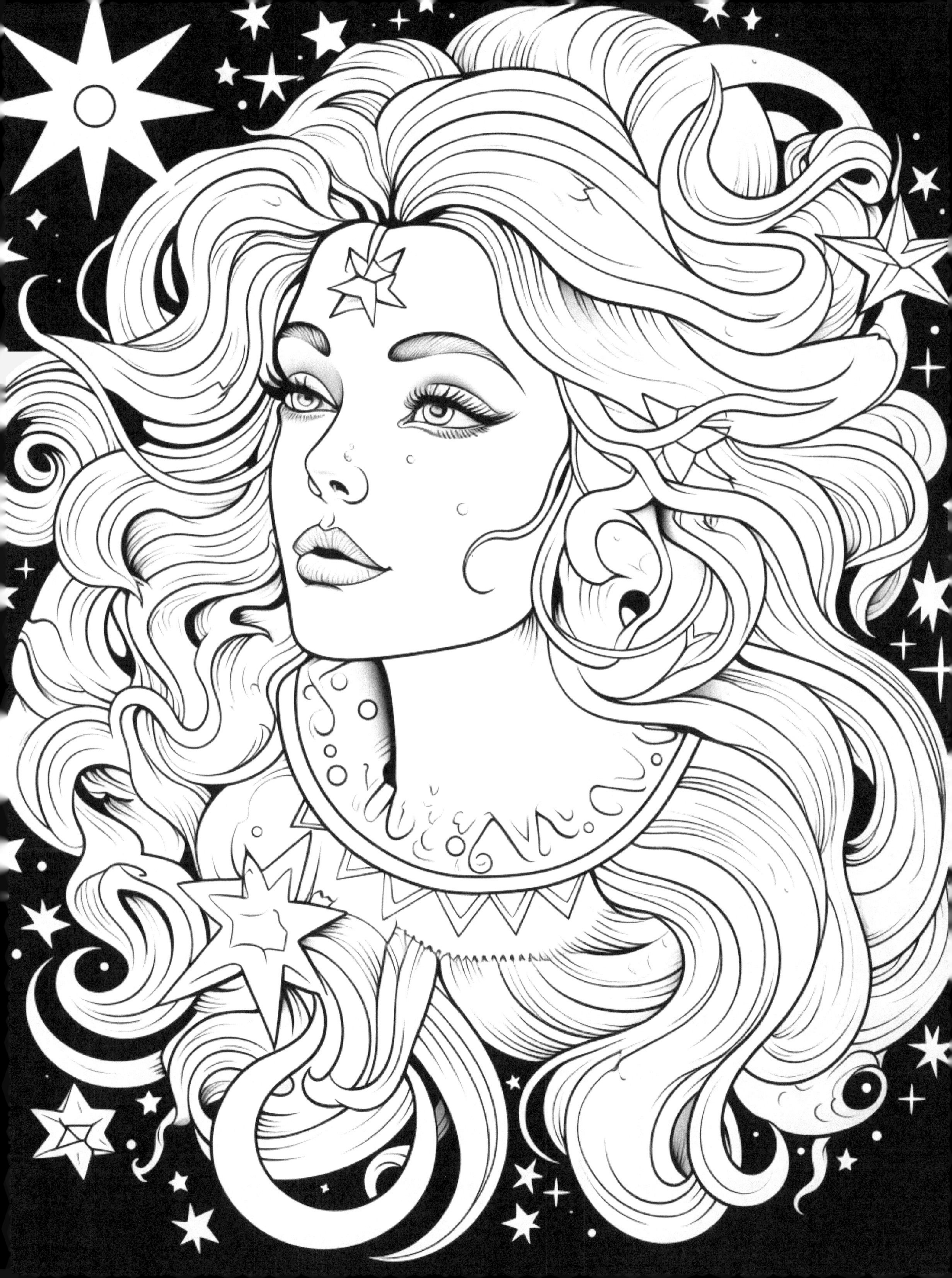

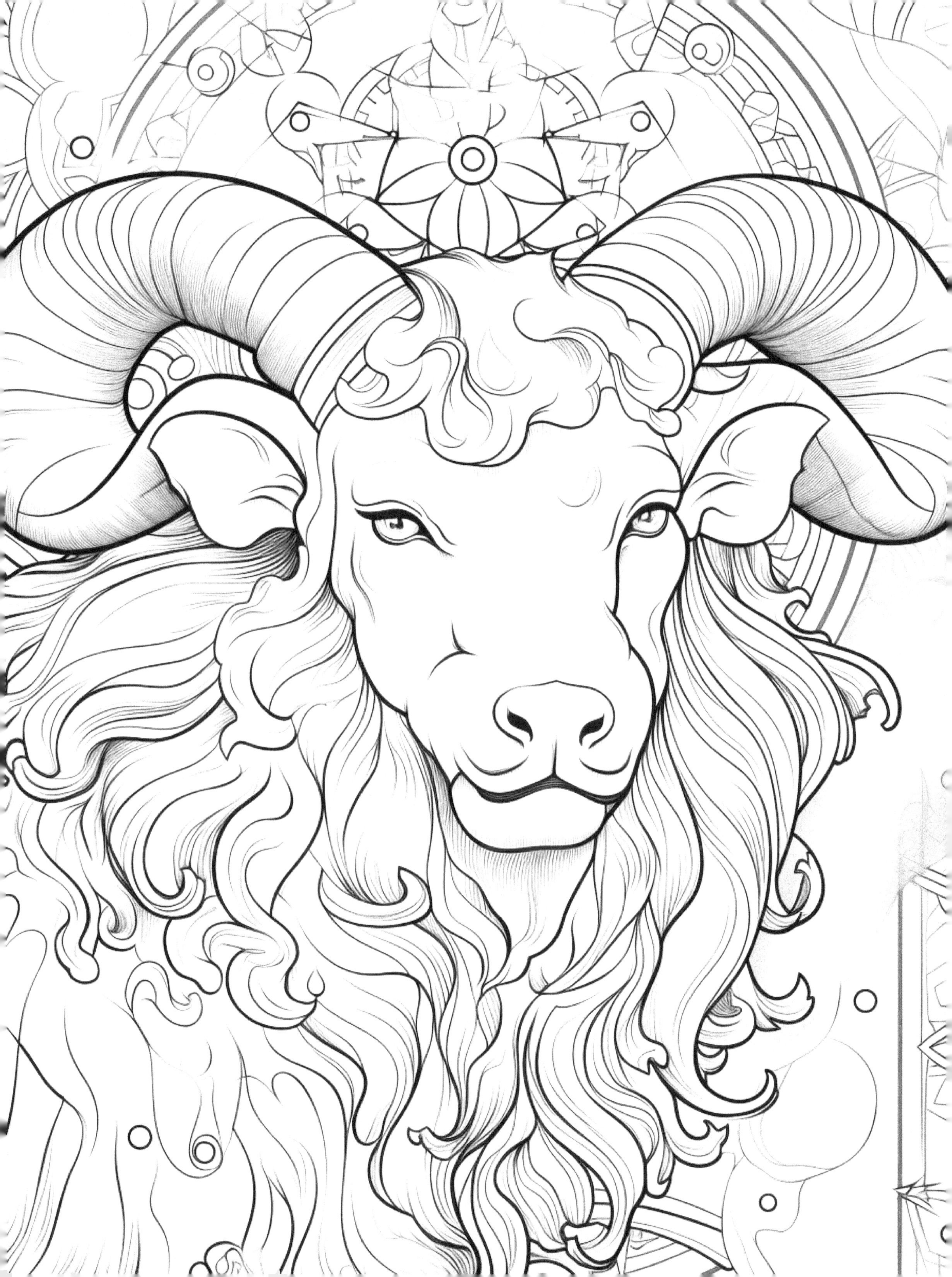

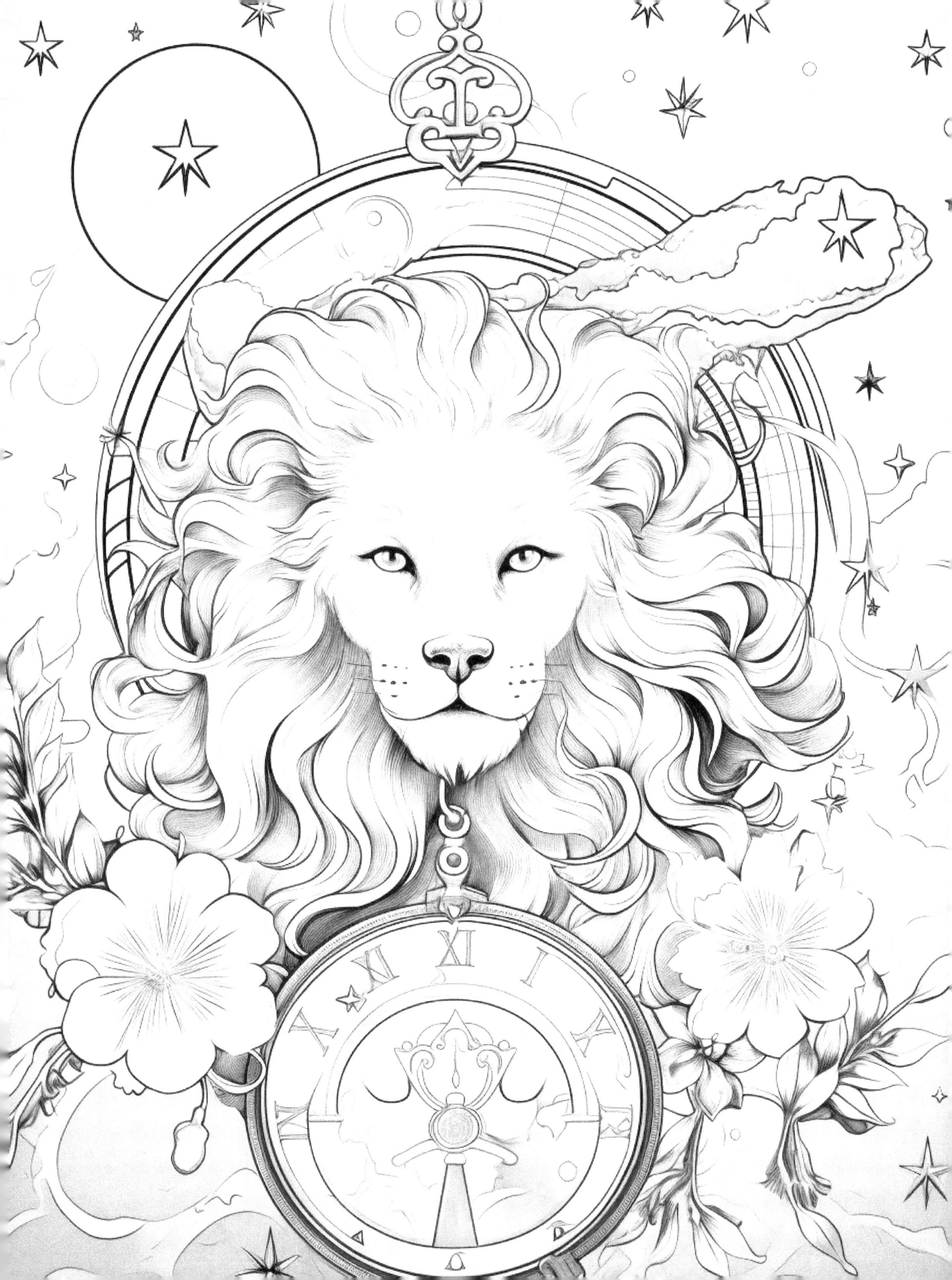

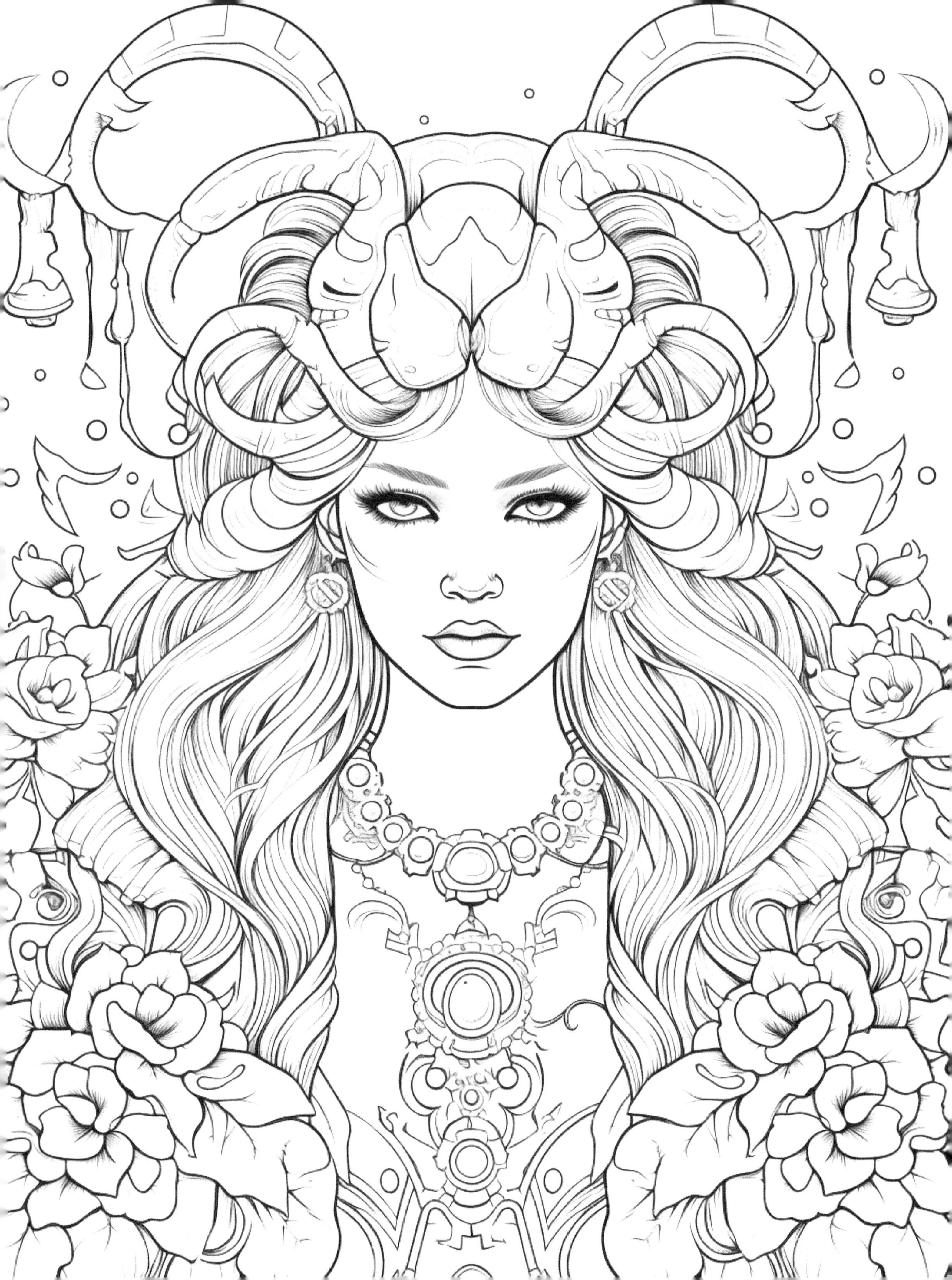

www.ingramcontent.com/pod-product-compliance
Lightning Source LLC
Chambersburg PA
CBHW082147290526
45794CB00008B/3196
9798862588262